WIRES AND NERVE

E n su primera novela gráfica, Marissa
Meyer vuelve aún más grande el
mundo de las Crónicas Lunares
con una historia completamente nueva
y repleta de acción que tiene como
protagonista a Iko, la androide con un
corazón (mecánico) de oro. Cuando
unas manadas de soldados lobo
amenazan la frágil alianza de paz entre
la Tierra y Luna, Iko se propone cazar a
su líder. Pronto estará trabajando con
un guapo guardia real que la obligará
a cuestionarse todo lo que sabe sobre el
amor, la lealtad y su propia humanidad.
Con apariciones como las de Cinder,
Cress, Scarlet, Winter y el resto de la
tripulación de la Rampion, esta historia
es una lectura obligada para los
fanáticos de la serie.

Este libro
pertenece a

▸ **Título original:** *Wires and Nerve*
▸ **Edición:** Leonel Teti con Pablo Canalicchio
▸ **Coordinadora de diseño:** Marianela Acuña
▸ **Armado:** OLIFANT - Valeria Miguel Villar
▸ **Arte:** Rich Deas y Doug Holgate

un sello de
V&R Editoras

Publicado originalmente por Feiwel and Friends, un sello de Macmillan Children's Publishing Group. El acuerdo de traducción fue gestionado por Jill Grinberg Literary Management LLC y Sandra Bruna Agencia Literaria, SL. Todos los derechos reservados.

ARGENTINA:
San Martín 969 piso 10 (C1004AAS)
Buenos Aires
Tel./Fax: (54-11) 5352-9444
y rotativas
e-mail: editorial@vreditoras.com

México:
Dakota 274, Colonia Nápoles CP 03810,
Del. Benito Juárez, Ciudad de México
Tel./Fax: (5255) 5220–6620/6621
01800-543-4995
e-mail: editoras@vergarariba.com.mx

ISBN: 978-987-747-312-4

Impreso en China · Printed in China
Julio de 2017

Meyer, Marissa
Wires and Nerve / Marissa Meyer; ilustrado por Doug Holgate. - 1a ed. - Ciudad Autónoma de Buenos Aires: V&R, 2017.
240 p.: il.; 21 x 15 cm.
Traducción de: Noelia Staricco.
ISBN 978-987-747-312-4
1. Novela Gráfica. 2. Novelas Fantásticas. 3. Ciencia Ficción.
I. Holgate, Doug, ilus. II. Staricco, Noelia, trad. III. Título.
CDD 863.0222

MARISSA MEYER

WIRES

+AND+

NERVE

• SAGA CRÓNICAS LUNARES •

VOLUMEN 1

arte a cargo de
DOUG HOLGATE
con **STEPHEN GILPIN**

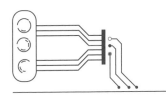

traductor:
NOELIA STARICCO

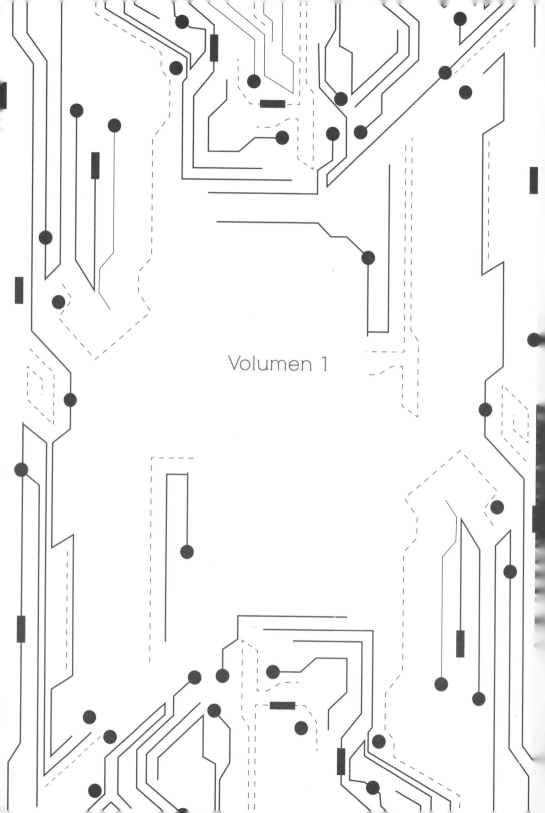

Volumen 1

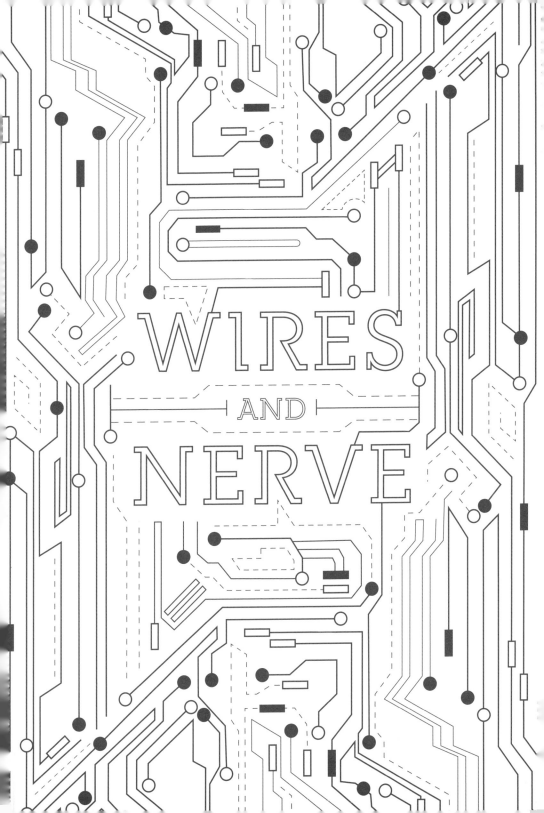

Para *Leilani*
y *Micaela.*

HABÍA UNA VEZ, NUEVE HÉROES IMPENSADOS...

ESTABA LA MECÁNICA CYBORG, QUE TRABAJABA PARA MANTENERSE ALEJADA DE SU MALVADA MADRASTRA...

HASTA EL DÍA QUE DESCUBRIÓ QUE EN VERDAD ERA UNA PRINCESA QUE LA GENTE DE LUNA HABÍA ESTADO BUSCANDO DURANTE MUCHO TIEMPO.

(SÍ, CRÉANME. ESO ES EXACTAMENTE LO QUE SUCEDIÓ.)

TAMBIÉN EL GUAPO EMPERADOR, QUE HARÍA LO QUE FUERA POR PROTEGER A LAS PERSONAS BAJO SU MANDO...

EL LADRÓN DE PASADO SOMBRÍO, SONRISA ENCANTADORA Y UN TRAJE ESPACIAL ROBADO...

LA GRANJERA HONRADA, DE LENGUA VELOZ... AUNQUE MÁS RÁPIDA INCLUSO PARA DISPARAR...

Y EL SOLDADO BIOGENÉTICAMENTE DISEÑADO Y DE INSTINTOS LOBUNOS, ENTRENADO PARA SER UN PREDADOR DESPIADADO.

LA HACKER CUYA AFINIDAD CON LAS COMPUTADORAS ERA MUCHO MAYOR QUE SU AFINIDAD CON LAS PERSONAS...

EL GUARDIA REAL, QUE RESGUARDA Y LE ES FIEL A UNA ÚNICA PERSONA...

LA PRINCESA DE LAS CICATRICES, CONOCIDA COMO LA CHICA MÁS HERMOSA DE SU TIERRA...

Y, POR ÚLTIMO, LA ANDROIDE, UNA MUCHACHA APASIONADA Y ATRAPADA EN EL CUERPO DE UNA HUMILDE ANDROIDE SIRVIENTE, QUE HABÍA EVOLUCIONADO, CUAL MARIPOSA QUE EMERGE DE SU CAPULLO. AHORA, CON SU NUEVO LOOK Y SU NUEVO CUERPO DE ANDROIDE DE COMPAÑÍA, UNO QUE HA COMPLEMENTADO CON SU CARISMA Y EXCELENTE GUSTO POR LA MODA, HA ACOGIDO SU NUEVO DESTINO. TAMBIÉN LA AYUDARON SUS OTROS ATRIBUTOS, COMO LA GRACIA DIGNA DE UNA ESTRELLA DRAMÁTICA, EL CORAJE DE UNA LEONA Y...

¡IKO, SUFICIENTE!

TIENES RAZÓN.
LO SIENTO, CINDER.

DECÍA QUE, UN BUEN DÍA, ESTOS NUEVE HÉROES UNIERON SUS FUERZAS Y DECIDIERON QUE ACABARÍAN CON LA TIRANÍA DE LA MALVADA REINA LUNAR QUE DESEABA CASARSE CON EL GUAPO EMPERADOR Y ESCLAVIZAR A LA GENTE DE LA TIERRA.

LA REINA ERA UNA VERDADERA VILLANA. ERA CAPAZ DE CONTROLAR LA MENTE Y FORZAR A SUS OPONENTES A INCLINARSE ANTE ELLA TAN FÁCILMENTE COMO PODÍA QUEBRAR CON SUS DEDOS UNA FRÁGIL RAMA.

DURANTE AÑOS, RECLUTÓ MUCHACHOS DE LAS FAMILIAS MÁS POBRES EN LUNA Y LOS TRANSFORMÓ EN SOLDADOS HÍBRIDOS, MUTANTES CON INSTINTOS LOBUNOS Y UN GUSTO ESPECIAL POR LA CARNE HUMANA.

ESTE EJÉRCITO DE MONSTRUOS FUE LIBERADO EN SUELO TERRESTRE, DONDE FUE DEJANDO UN RASTRO DE SANGRE, DESTRUCCIÓN Y TERROR POR DONDE FUERA QUE PASABAN.

PERO NUESTROS NUEVE HÉROES ERAN VALIENTES Y ESTABAN DECIDIDOS A TRIUNFAR. VIAJARON A LUNA Y COMENZARON LA REVOLUCIÓN.

CONGREGARON A LOS MISMÍSIMOS CIVILES OPRIMIDOS POR LA REINA, E INCLUSO A ALGUNOS DE SUS SOLDADOS MUTANTES, PARA QUE SE UNIERAN A SU CAUSA.

CONDUJERON A SU PROPIO EJÉRCITO HASTA LAS PUERTAS DEL CASTILLO DE LA REINA.

LA BATALLA FUE SALVAJE. MUCHOS PERDIERON LA VIDA, TANTO ALIADOS COMO ENEMIGOS.

PERO, AL FINAL, LOS NUEVE HÉROES OBTUVIERON SU VICTORIA. LA MALVADA BRUJA MURIÓ Y LA PRINCESA RECUPERÓ FINALMENTE SU TRONO.

LA GENTE EN LA TIERRA Y EN LUNA ESTABA FELIZ, Y NUESTROS NUEVE HÉROES ALCANZARON LA GLORIA Y LA FAMA.

SOLO HABÍA UN PROBLEMA...

¿QUÉ SUCEDIÓ CON TODOS ESOS SOLDADOS LOBO QUE HABÍAN SIDO ENVIADOS A LA TIERRA?

BUENO, DESAPARECIERON. SE ESCONDIERON COMO LO HACEN LAS RATAS CUANDO QUEDAN EXPUESTAS A LA LUZ.

JA JA JA JA

SIN EMBARGO, SU DESAPARICIÓN NO PODRÍA HABER DURADO MUCHO TIEMPO. ERAN BESTIAS HAMBRIENTAS QUE PRONTO NECESITARÍAN PROBAR BOCADO.

JA JA JA

FUE ASÍ QUE, UNOS POCOS MESES DESPUÉS DE QUE LA NUEVA REINA ASCENDIERA AL TRONO Y SE DECLARASE LA PAZ ENTRE LA TIERRA Y LUNA...

AAAAHH!

...SUS AULLIDOS VOLVIERON A ESCUCHARSE POR LAS NOCHES...

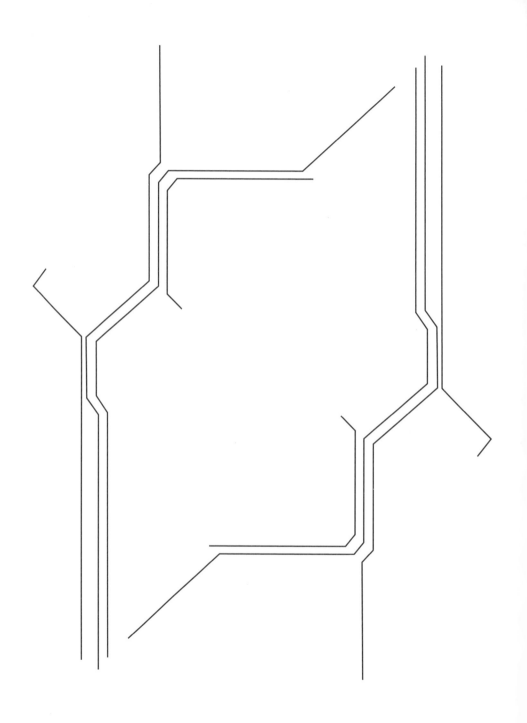

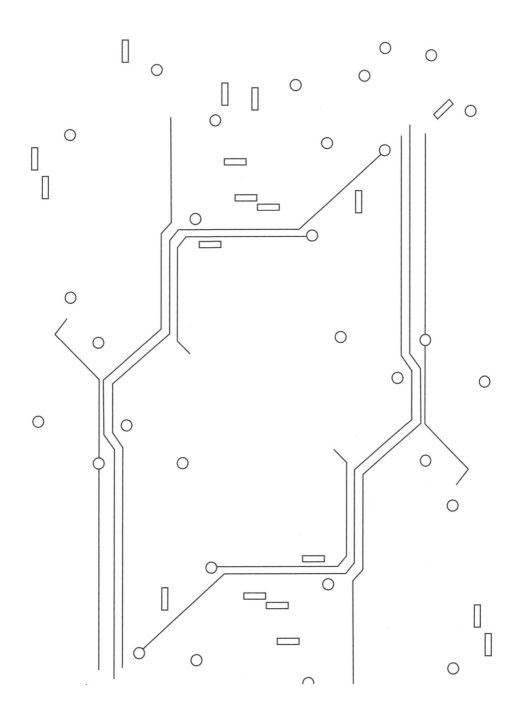

CAPÍTULO I

EN ALGÚN LUGAR CERCA
DE SIDNEY, AUSTRALIA...

17

HE CAZADO LOBOS DURANTE LOS ÚLTIMOS SETENTA Y UN DÍAS...

HE RASTREADO SUS MANADAS POR LA SELVA DEL PERÚ, LAS ALCANTARILLAS DE ROMA, Y HASTA EN LOS BARCOS ABANDONADOS FUERA DE EL CAIRO.

HE VISTO CON MIS PROPIOS OJOS LA DESTRUCCIÓN QUE PROVOCAN.

LOS CUERPOS MUTILADOS DE SUS VÍCTIMAS, EL TERROR QUE DEJAN TRAS SU PASO...

HE IDO TRAS ELLOS EL TIEMPO SUFICIENTE COMO PARA COMPRENDER CÓMO SE MUEVEN.

AL IGUAL QUE LOS LOBOS SALVAJES A LOS QUE IMITAN, GUSTAN DE DEVORAR A LOS VIEJOS Y ENFERMOS, SELECCIONANDO A LOS MÁS DÉBILES DEL GRUPO.

ATACAN VELOZMENTE, EN ÁREAS MUY POBLADAS, Y LUEGO DESAPARECEN OTRA VEZ.

HASTA HE LLEGADO A IDENTIFICAR QUÉ TIPO DE LUGARES ELIGEN PARA SUS GUARIDAS.

CUANTO MÁS OSCURO...

CUANTO MÁS ESCALOFRIANTE...

...MEJOR.

Y ESTE SIEMPRE ES EL MOMENTO EN EL QUE DESEARÍA TENER LA SUERTE INFALIBLE DEL CAPITÁN THORNE.

O EL SENTIDO DEL OLFATO DE UN LOBO.

SHK

O LA SORPRENDENTE HABILIDAD DE LA PRINCESA WINTER DE SIMPATIZAR CON LOS SOLDADOS MUTANTES.

HACERLOS SENTIRSE CÓMODOS EN SU PROPIA PIEL... O PELAJE, SEGÚN EL CASO.

PERO YO SOY TODO LO QUE TENGO.

- PELIGRO -
MANTENER
DISTANCIA

VEN AQUÍ, CACHORRITO... CACHORRITO...

SCRICH...

¡AY, QUÉ ASCO!

LO DIGO EN SERIO. ¿NO PODRÍAN ELEGIR UN HOTEL CINCO ESTRELLAS ALGUNA VEZ?

O UN SPA...

O UN CENTRO COMERCIAL...

HOLA...

GOLPEÉ LA PUERTA, PERO NADIE RESPONDIÓ, ASÍ QUE DECIDÍ ENTRAR.

ESTÁN EN VIOLACIÓN DE VARIAS LEYES INTERGALÁCTICAS Y ESTOY AQUÍ PARA LLEVARLOS BAJO CUSTODIA.

¿CÓMO NOS ENCONTRASTE?

CAPTURÉ A LA MITAD DE SU MANADA EN SIDNEY HACE DOS DÍAS. ELLOS ME DIERON LA UBICACIÓN DE SU GUARIDA A CAMBIO DE CINCUENTA LIBRAS DE CARNE CRUDA.

ME CAYERON SIMPÁTICOS.

POR HABERME TRAICIONADO, LOS CAZARÉ Y LOS ESTRANGULARÉ CON SUS PROPIOS INTESTINOS...

PERO ANTES TE MATARÉ A TI.

ESO SUENA ENTRETENIDO.

PFT

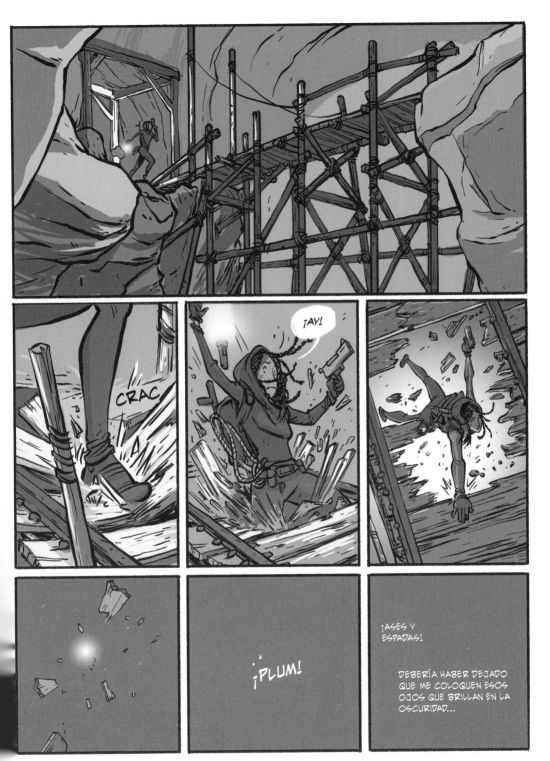

¿QUÉ?

AH... HOLA OTRA VEZ.

MIS PODERES DE ANÁLISIS SITUACIONAL SUGIEREN QUE NO ESTÁS AQUÍ PARA DARME UNA MANO... ¿NO ES ASÍ?

AÚN NO NOS HEMOS DECIDIDO.

ES QUE ODIAMOS DEJAR PASAR UN BUEN ALMUERZO.

BIEN...

ALGO ME DICE QUE ESTÁS A PUNTO DE QUEDAR DESCEPCIONADO.

AY...

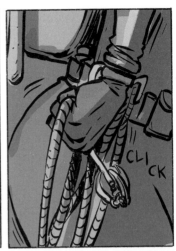

CLICK

ZAS

FIII

PLUM

CRAC

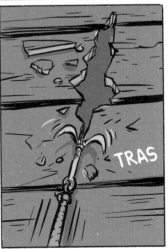

TRAS

CRAC

Y TÚ ERES LA QUE DICEN QUE HA ESTADO CAZANDO A LAS OTRAS MANADAS ESTOS ÚLTIMOS MESES.

BIEN. YA HAN ESCUCHADO HABLAR DE MÍ. ESO ME AHORRA LA INTRODUCCIÓN.

LA REINA SELENE BLACKBURN DE LUNA ME HA ENVIADO A ARRESTARLOS A TODOS USTEDES Y A ECHARLOS DEL SUELO TERRESTRE.

SI SE ENTREGAN SIN RESISTENCIA, NADIE RESULTARÁ HERIDO.

PERO TAMBIÉN TENGO PERMISO PARA USAR LA FUERZA LETAL DE SER NECESARIO.

¡JA, JA, JA! ¡JA, JA! ¡JA, JA! ¡JA! ¡JA, JA! ¡JA, JA! ¡JA! ¡JA, JA, JA! ¡JA! ¡JA, JA, JA! ¡JA, JA! ¡JA! ¡JA, JA, JA! ¡JA, JA, JA!

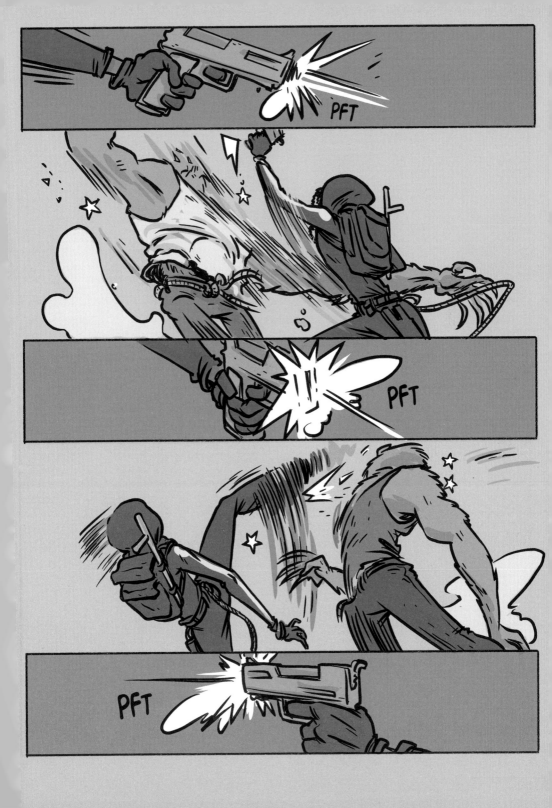

¡NI SIQUIERA ERES HUMANA!

MIRA QUIÉN HABLA, NIÑO LOBO.

¡AUGH!

PAF

DEBERÍAS HABERTE COMPORTADO CUANDO TUVISTE TU OPORTUNIDAD.

TRAS
TRAS

¡DETENTE!

¡REGRESA
AQUÍ!

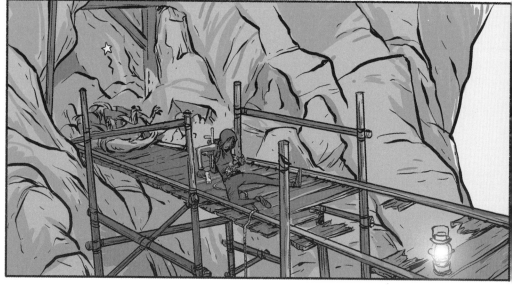

ESTÚPIDOS LOBOS...

LLEVARÁ HORAS RECABLEAR TODO ESTO.

PERO DEBERÉ OCUPARME DE ESO MÁS TARDE.

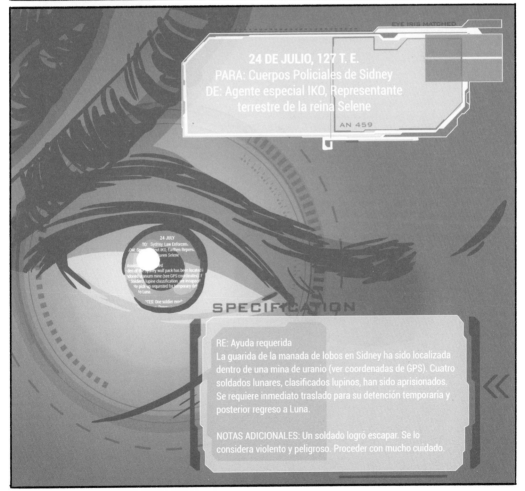

24 DE JULIO, 127 T. E.
PARA: Cuerpos Policiales de Sidney
DE: Agente especial IKO, Representante terrestre de la reina Selene

AN 459

RE: Ayuda requerida
La guarida de la manada de lobos en Sidney ha sido localizada dentro de una mina de uranio (ver coordenadas de GPS). Cuatro soldados lunares, clasificados lupinos, han sido aprisionados. Se requiere inmediato traslado para su detención temporaria y posterior regreso a Luna.

NOTAS ADICIONALES: Un soldado logró escapar. Se lo considera violento y peligroso. Proceder con mucho cuidado.

HONESTAMENTE, NO QUIERO ESTAR AQUÍ CUANDO VENGAN A BUSCAR A ESTOS SOLDADOS.

ESTO ATRAERÁ A LA PRENSA, Y CINDER YA TIENE SUFIENTE PRESIÓN. NO NECESITA QUE EL MUNDO VEA ASÍ A SU MEJOR AGENTE.

YO NO NECESITO QUE EL MUNDO ME VEA ASÍ.

SÉ QUE NO ESTOY HECHA DE CARNE Y HUESO NI TENGO TERMINACIONES NERVIOSAS NI LATIDOS. SOLO SOY UN ROBOT CON EMOCIONES ARTIFICIALES Y UN CUEPO DESECHABLE.

COMUNICACIÓN CON USUARIO: RAMPION

IKO: Pequeño imprevisto aquí a las afueras de Sidney.
¿Creen que podrían venir por mí?
RAMPION: ¡Iko, ningún mensaje tuyo en todo este tiempo!
Danos un segundo...
...
RAMPION: Cress está confirmando tus coordenadas. Estaremos allí muy pronto.
IKO: Gracias, Capitán.

SÉ QUE NO SOY HUMANA.

PERO, ASES Y ESTRELLAS, CÓMO DESEARÍA SERLO.

CAPÍTULO II

DOS MESES ANTES, EN LUNA...

ADIVINA QUÉ ACABA DE ENVIARNOS LA COSTURERA.

RÁPIDO, ¡ÁBRELO! MUERO POR VER CÓMO SE VE.

ELLA ES CINDER, TAMBIÉN CONOCIDA COMO LA REINA SELENE DE LUNA. ES UNA CYBORG, UNA TALENTOSA MECÁNICA Y MI MEJOR AMIGA EN TODA LA GALAXIA.

UN TESTIGO ASEGURA HABER VISTO SOLDADOS LOBO EN LA TIERRA.

CINDER, ¿QUÉ ES ESTO?

HE SIDO LA REINA DE LUNA POR MÁS DE SIETE MESES.

CUANDO FIRMÉ EL TRATADO DE PAZ CON LA TIERRA, PROMETÍ RETIRAR A TODOS LOS SOLDADOS LUNARES DE INMEDIATO.

PERO JAMÁS PENSÉ QUE SERÍA TAN DIFÍCIL.

NO ES TU CULPA QUE LEVANA HAYA CREADO UN EJÉRCITO DE BESTIAS HUMANAS ASESINAS E IMPOSIBLES DE CONTROLAR.

ESTÁS HACIENDO TU MEJOR ESFUERZO.

GRACIAS, IKO. PERO HICE UNA PROMESA AL PUEBLO DE LA TIERRA, Y AHORA ESTÁN MURIENDO PORQUE NO PUDE CUMPLIRLA.

¿QUÉ MÁS QUIEREN? OFRECISTE ENVIARLES TAUMATURGOS EN OPERATIVOS ESPECIALES PARA AYUDARLOS CON LA CAPTURA, Y ELLOS SE NEGARON.

NO PUEDO CULPARLOS POR NO QUERER NUESTRA AYUDA. LA TIERRA AÚN NO CONFÍA EN NOSOTROS. ¿Y POR QUÉ DEBERÍAN DE HACERLO LUEGO DE LO QUE LEVANA LES HA HECHO?

Y SIN MENCIONAR A MIS ANCESTROS ANTES DE ELLA.

PERO YO SOY LA REINA AHORA Y ESTE ES MI EJÉRCITO. DEBERÍAN HABER REGRESADO CUANDO FIRMÉ EL TRATADO.

¿POR QUÉ ESPERAR QUE RECONOZCAN MI AUTORIDAD SI NO PUEDO CONTROLAR A ESTOS SOLDADOS?

49

NO SÉ POR QUÉ ALGUNA VEZ IMAGINÉ QUE SERÍA UNA BUENA REINA.

¡VAMOS! ¡ERES EXCELENTE!

EN SOLO SIETE MESES, HAS MEJORADO LAS CONDICIONES DE VIDA PARA UN SINFÍN DE LUNARES EN LOS SECTORES MÁS VULNERABLES.

LEVANA TRATABA LOS VACÍOS LUNARES COMO EXPERIMENTOS CIENTÍFICOS, PERO TÚ LOS LIBERASTE Y CREASTE PROGRAMAS PARA INTEGRARLOS EN LA SOCIEDAD.

INCLUSO LOGRASTE REUNIR A MUCHOS DE ELLOS CON SUS FAMILIAS.

ADEMÁS, HAS FIRMADO NUEVOS ACUERDOS DE COMERCIO CON LA TIERRA, LO QUE HA FORTALECIDO NUESTRA ECONOMÍA; Y HAS AVANZADO MUCHÍSIMO EN LA REDUCCIÓN DE LA POBREZA TAMBIÉN.

PERO ESO NO SIGNIFICA QUE SEA UNA BUENA REINA. DESPUÉS DE TODO, LEVANA FUE LA INVITADA DE HONOR EL AÑO PASADO.

SÍ, PERO NADIE LA QUERÍA ALLÍ. EN CAMBIO, TÚ... ¡KAI CASI TE RUEGA QUE SEAS SU CITA!

NO, NO ROGÓ.

TU PRESENCIA LES DEMOSTRARÁ LA PRÓSPERA RELACIÓN ENTRE LA TIERRA Y LUNA Y TU COMPROMISO POR LA PAZ.

ES MUCHO MÁS COMPLICADO...

KAI PODRÁ SER OPTIMISTA RESPECTO DE NUESTRA ALIANZA, PERO MUCHOS TERRÍCOLAS AÚN NO CONFÍAN EN MÍ.

ALGUNOS LUNARES TAMPOCO...

NI CYBORGS, SI VAMOS A CONTAR.

CREÍ QUE ESA ETAPA DE "AY, POBRE DE MÍ, SOY UNA CYBORG" YA ESTABA SUPERADA.

TIENES RAZÓN. ES EL ESTRÉS, QUE ME JUEGA UNA MALA PASADA.

¿SABES QUÉ NECESITAS? ¡PROBARTE ESTE GRANDIOSO VESTIDO E IMAGINAR QUE BAILAS CON KAI LA NOCHE ENTERA!

ESO ES LO QUE SIEMPRE ME LEVANTA EL ÁNIMO A MÍ...

GRACIAS POR EL ESFUERZO, IKO; PERO ESO NO HACE MÁS QUE PROVOCARME MÁS PÁNICO.

SI HUBIERAS TOMADO ESAS CLASES DE BAILE QUE TE RECOMENDÉ...

NO SE TRATA DEL BAILE... ES QUE... NO LO HE VISTO EN MESES...

¿Y SI YA NO SIENTE LO MISMO POR MÍ?

PERO USTEDES HABLAN TODO EL TIEMPO...

SÍ, POR VIDEOCONFERENCIA... PERO ESTO NO SERÁ LO MISMO.

HA PASADO TANTO TIEMPO... ¿QUÉ SUCEDERÁ SI KAI YA NO ES EL MISMO?

O SI YO YA NO SOY LA MISMA...

¡AY!

TRAS

NO HAS CAMBIADO.

SIGUES TENIENDO EL MISMO HORRIBLE SENTIDO DE LA MODA Y ERES TAN OBSTINADA COMO SIEMPRE.

KAI SIEMPRE HA ADMIRADO TU FORTALEZA Y DETERMINACIÓN, TAL COMO TÚ ADMIRAS SU HONOR Y COMPASIÓN.

NO IMPORTA SI ERES UNA MECÁNICA, UNA REVOLUCIONARIA O UNA REINA...

ALGUNAS COSAS NUNCA CAMBIAN.

DISCULPE LA INTERRUPCIÓN, SU MAJESTAD. UNA DE SUS DAMAS VIENE A PREPARARLA PARA SU REUNIÓN DE GABINETE.

GRACIAS, KINNEY. QUE ENTRE. AQUÍ ESTAMOS CASI LISTAS.

¿"UNA DE SUS DAMAS"? ¡LA REINA SABE MI NOMBRE, CEREBRO LLENO DE CRÁTERES!

PASARON SIETE MESES DESDE LA REVOLUCIÓN, Y MI HERMANO MAYOR SIGUE ACTUANDO COMO SI TRABAJASE PARA UNA TIRANA.

SOLO INTENTO MANTENER EL RESPETO QUE CORRESPONDE A UNA REINA. AL MENOS UNO DE NOSOTROS DEBERÍA HACERLO.

Y NO HAY CRÁTERES EN MI CABEZA.

HOLA, TRESSA.

IKO, DE HABER SABIDO QUE ESTABAS AQUÍ, HABRÍA TRAÍDO LOS ZAPATOS QUE ME PRESTASTE.

SE VEÍAN PERFECTOS CON EL VESTIDO. TIENES MUY BUEN GUSTO PARA LOS ACCESORIOS.

ES UN ROBOT, TRESSA. LO QUE LLAMAS "GUSTO" QUIZÁS SOLO SEA UNA APLICACIÓN EN SU PROGRAMACIÓN.

HABLÓ EL HOMBRE QUE VESTIRÍA CAMISETAS Y PANTALONES HOLGADOS TODO EL DÍA SI NO TUVIESE QUE USAR SU UNIFORME.

Y ESTE ES SU HERMANO MAYOR, LIAM KINNEY. INCLUSO SIN UNA GOTA DE GLAMOUR, ES UNO DE LOS HOMBRES MÁS GUAPOS EN LUNA, Y UNO DE LOS GUARDIANES DE CINDER MÁS FIELES DESDE EL COMIENZO.

ELLA ES TRESSA KINNEY, Y TIENE EL MEJOR SENTIDO DE LA MODA EN LUNA... DESPUÉS DE MÍ, CLARO.

LAMENTABLEMENTE, TAMBIÉN ES UN IDIOTA.

VAMOS, YO USABA CAMISETAS Y PANTALONES HOLGADOS TODOS LOS DÍAS.

Y LO SEGUIRÍA HACIENDO, SI USTEDES NO SE LA PASARAN DÁNDOME ÓRDENES.

DE NADA.

HABLANDO DE MANDONEAR, TU REUNIÓN DE GABINETE ES EN MENOS DE UNA HORA. VAMOS A VESTIRTE.

CLAP CLAP CLAP

¡TU VESTIDO ESTÁ AQUÍ!

ES MARAVILLOSO, ¿NO CREEN?

¡POR TODAS LAS ESTRELLAS, SU MAJESTAD! LUCIRÁ BELLÍSIMA. NI UNO DE ESOS MUCHACHOS TERRESTRES PODRÁ SACARLE LOS OJOS DE ENCIMA.

AUNQUE TODOS SABEMOS QUE ES LA ATENCIÓN DE UNO SOLO LA QUE NOS INTERESA...

¡EL EMPERADOR KAI!

¿TAMBIÉN LE CONSULTAS SOBRE ASUNTOS DE POLÍTICA?

RECONOZCO QUE A VECES CUESTIONO SUS PRIORIDADES.

BIEN...

IKO, EL GABINETE PREGUNTARÁ POR LOS MALDITOS SOLDADOS.

¿PODRÍAS MONITOREAR LAS NOTICIAS Y AVISARME SI SE REPORTAN MÁS ATAQUES?

CLARO. ¿MENCIONARÁS LA ABDICACIÓN AL TRONO EN ESTA REUNIÓN?

¿ABDICACIÓN?

NO EXACTAMENTE, TRESSA. PERO SÍ ESPERO ALGÚN DÍA PODER CONVERTIR A LUNA EN LA REPÚBLICA QUE DEBERÍA SER.

UN PAÍS CON DIRIGENTES ELECTOS Y LEYES JUSTAS DONDE TODOS SEAN TRATADOS COMO PARES.

SIN EMPORTAR EN QUÉ SECTOR HAYAN NACIDO.

CINDER TENDRÁ MUCHÍSIMO EN SU CABEZA, PERO LO ÚNICO EN LO QUE YO PUEDO PENSAR ES EN ASISTIR AL BAILE DE LA COMUNIDAD.

NO SOLO PORQUE SERÁ LA PRIMERA VEZ QUE SE PERMITA LA ENTRADA A UN ANDROIDE.

O POR BAILAR CON KAI...

O LUCIR UN BONITO VESTIDO.

ES QUE TODOS MIS AMIGOS ESTARÁN ALLÍ, Y LOS EXTRAÑO CADA DÍA MÁS. LA TRIPULACIÓN DE LA RAMPION NO HA VUELTO A JUNTARSE LUEGO DE LA CORONACIÓN DE CINDER.

KAI ESTÁ DEMASIADO OCUPADO, GOBERNANDO LA COMUNIDAD Y AYUDANDO A SU PAÍS A RECUPERARSE DE LA GUERRA CON LEVANA.

THORNE Y CRESS HAN ESTADO A CARGO DE LA DISTRIBUCIÓN DEL ANTÍDOTO PARA LA LETUMOSIS EN TODA LA TIERRA.

SCARLET Y WOLF PASARON UN TIEMPO EN LA RAMPION, PERO LUEGO SE RETIRARON A LA GRANJA DE ELLA EN FRANCIA, UNA VEZ QUE LA ENFERMEDAD ESTUVO BAJO CONTROL.

Y LA PRINCESA WINTER HA ESTADO VIAJANDO POR TODA LA TIERRA COMO EMBAJADORA LUNAR, ALENTANDO A LOS TERRESTES A USAR EL DISPOSITIVO QUE LOS AYUDARÁ A EVITAR SER MANIPULADOS POR LUNARES.

Y JACIN JAMÁS SE HA MOVIDO DE SU LADO, CLARO.

MIENTRAS TANTO, YO ME HE QUEDADO EN LUNA, HACIENDO LO MEJOR PARA AYUDAR A CINDER...

Y TAMBIÉN SOÑANDO CON ESE BAILE, CUANDO MIS AMIGOS Y YO FINALMENTE VOLVAMOS A ESTAR UNIDOS.

A NINGÚN ANDROIDE LE GUSTA SENTIRSE INÚTIL.

ASÍ FUIMOS PROGRAMADOS. DEBEMOS SER ÚTILES PARA LOS HUMANOS, NUESTROS AMOS.

YA NO SOY UN ANDROIDE SIRVIENTE Y HE HECHO TODO EN MI ALCANCE PARA IGNORAR MI PROGRAMACIÓN ORIGINAL.

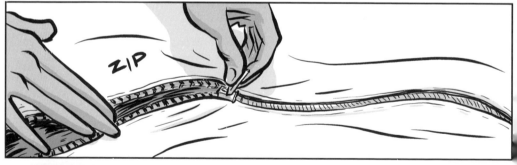

ZIP

PERO ESTA SENSACIÓN DE INACTIVIDAD Y DE INUTILIDAD NO PUEDO QUITÁRMELA DE ENCIMA.

ES SIMPLE. ELLA
YA NO ME NECESITA
AQUÍ EN LUNA.

CAPÍTULO III

¿QUÉ?

LOCALICÉ EL DESLIZADOR DE IKO.

ESTÁ EN SIDNEY.

UBICACION: EZ RENT-A-HOVER V N 9385881895070

EL LADRÓN DEBE HABER OLVIDADO DESACTIVAR EL SOFTWARE DE RASTREO. TOMÉ LOS DATOS DEL CONTRATO DE ARRENDAMIENTO DE IKO Y REALICÉ LA BÚSQUEDA.

DE HECHO, FUE BASTANTE FÁCIL.

¿ENTONCES QUÉ HACEMOS AQUÍ SENTADOS?

¡VAYAMOS A ENCONTRAR A ESE IDIOTA!

IKO, SEGURAMENTE YA HAYA ABANDONADO EL DESLIZADOR.

ADEMÁS, AÚN NO ESTÁS LISTA PARA OTRA PELEA. VAMOS A REPARARTE PRIMERO, ¿QUIERES?

CINDER NECESITA QUE REGRESES SANA Y SALVA.

PERO ES UN MONSTRUO. CINDER ME NECESITA PARA...

ADEMÁS, ÉL TAMBIÉN ESTÁ HERIDO. Y, SIN SU MANADA, DUDO QUE VAYA A CAUSARNOS ALGÚN PROBLEMA.

COMUNICARÉ A LA COMPAÑÍA LA UBICACIÓN DEL DESLIZADOR.

BIEN, PERO SI LA EMPRESA DONDE LO RENTÉ ME COBRA UNA TARIFA POR RECUPERARLO, TÚ PAGARÁS.

¿SERÁ QUE PUEDES ALTERAR EL ESTADO DE LA ORDEN E INDICAR QUE LA TARIFA YA ESTABA PAGA?

CLARO QUE PUEDO.

PERO NO LO HARÉ.

ESO CREÍ.

AL MENOS, TU MENSAJE LLEGÓ JUSTO A TIEMPO.

ACABAMOS DE ENVIAR UNA NUEVA ENTREGA DEL ANTÍDOTO A MANILA, Y TENEMOS UNOS DÍAS ANTES DE TENER QUE VOLVER A L.A.

LA RAMPION ES TUYA AHORA. ¿A DÓNDE NECESITAS QUE TE LLEVEMOS?

¿POR QUÉ VAN A L.A.? CREÍ QUE YA HABÍAN ERRADICADO LA LETUMOSIS EN LA REPÚBLICA.

ESTE VIAJE ES MÁS DE PLACER QUE DE NEGOCIOS.

AUNQUE DECIR "PLACER" EN ESTE CASO SERÍA UN POCO EXAGERADO.

EN L.A., SE REALIZARÁ UNA GRAN GALA PARA HONRAR A SU HÉROE LOCAL. CARSWELL ES EL INVITADO DE HONOR.

¿SERÍA MUY MALO DECIR QUE DESEARÍA QUE HUBIERA OTRO BROTE DE LETUMOSIS SOLO PARA TENER UNA EXCUSA PARA NO IR?

SEGURO NO QUISISTE DECIR ESO...

SON LAS MISMAS PERSONAS QUE SOLÍAN LLAMARME UNA VERGÜENZA NACIONAL.

NO ES QUE TENGA MUCHAS GANAS DE VERLOS.

PARA SER JUSTOS, ABANDONASTE TU POSICIÓN MILITAR Y HAS SIDO UN RECONOCIDO LADRÓN.

¿QUIÉN DIJO ALGO SOBRE SER JUSTOS?

UNO DE LOS FABRICANTES DE ANDROIDES DE COMPAÑÍA MÁS GRANDES DEL MUNDO SE ENCUENTRA EN L.A. CONSEGUIRÉ LAS PARTES QUE NECESITO PARA ARREGLAR ESTAS HERIDAS.

¿TE IMPORTA SI VOY CONTIGO?

PARA NADA. DÉJAME VER LAS COORDENADAS.

Y TAMBIÉN TE CONSEGUIREMOS UNA INVITACIÓN PARA LA FIESTA.

PUEDE USAR LA MÍA, SI LA QUIERE.

IKO, ESPERABA TENER NOTICIAS TUYAS EL DÍA DE HOY.

ACABO DE RECIBIR UN MENSAJE DEL JEFE DE LA DEFENSA AUSTRALIANA INFORMÁNDOME SOBRE LOS CUATRO SOLDADOS QUE ENCONTRARON EN UNA MINA DE URANIO, Y ESO FUE GRACIAS A TI.

DEBERÍAN HABER SIDO CINCO. SU ALFA ESCAPÓ ANTES DE QUE PUDIERA DETENERLO. LO SIENTO MUCHO, CINDER.

PERO ÉL SOLO NO PODRÁ CAUSAR MUCHO DAÑO. NO SIN UNA MANADA NI UNA BASE DE OPERACIONES.

SI ES LISTO, SE ENTREGARÁ Y REGRESARÁ A LUNA POR VOLUNTAD PROPIA.

¿HAS VISTO LAS ÚLTIMAS NOTICIAS?

LOS MEDIOS ESPECULAN SOBRE EL AGENTE "MISTERIOSO" QUE HA ESTADO CAZANDO MANADAS ENTERAS. HAN ESTADO PUBLICANDO TODAS TUS ESTADÍSTICAS DESDE EL DÍA QUE APARECIÓ ESA MANADA DE SIDNEY.

CATORCE MANADAS FUERON LOCALIZADAS Y DISUELTAS EN DIEZ SEMANAS. Y 181 SOLDADOS FUERON CAPTURADOS, 17 ELIMINADOS. ¡ES IMPRESIONANTE, IKO!

181 CAPTURADOS
17 MUERTOS

¿AGENTE MISTERIOSO? NNC

MISIÓN FINALIZADA

ADEMÁS, CIUDADES EN LAS QUE AÚN NO HAS ESTADO HAN VISTO UNA BAJA EN LOS ATAQUES. SABEN QUE LOS ESTAMOS CAZANDO, Y CREO QUE ESO LOS ESTÁ PONIENDO NERVIOSOS.

¿TÚ CREES? ¿Y MENCIONARON A LOS 24 SOLDADOS QUE SE ESCAPARON?

ESE NO ES EL PUNTO. NOS OCUPAREMOS DE ESOS UNA VEZ QUE HAYAMOS RESUELTO EL PROBLEMA MAYOR.

HAS SALVADO MUCHÍSIMAS VIDAS Y LE HAS MOSTRADO A LA TIERRA QUE ESTAS MANADAS NO SON INVENCIBLES. TODO HA CAMBIADO. Y TE LO DEBO A TI, IKO.

NO DIGAS ESO. ESTOY HACIENDO LO QUE CUALQUIER BUENA AMIGA HARÍA... SIN MENCIONAR MI LEALTAD, MI PATRIOTISMO LUNAR Y...

TE COMPRARÉ UN NUEVO PAR DE ZAPATOS.

NO SE DICE MÁS.

¿QUÉ TIENES AHÍ EN TU ESTÓMAGO?

UN REGALITO DEL ALFA QUE SE ESCAPÓ.

NO CONGENIAMOS MUY BIEN.

¡IKO! ¿POR QUÉ NO DIJISTE QUE ESTABAS HERIDA?

SON SOLO UNAS PEQUEÑAS HERIDAS EN EL HARDWARE. NADA POR LO QUE LA REINA DEBA PREOCUPARSE.

DEFINE "PEQUEÑAS", POR FAVOR.

SON UNOS RASGUÑOS EN EL ABDOMEN; Y TAMBIÉN CLAVÓ UN CUCHILLO EN MI PIE. PERO NADA QUE NO PUEDA REPARARSE.

AY, NO....

ESTOY BIEN. THORNE ME LLEVARÁ A L.A, A LA TIENDA DE PARTES PARA ANDROIDES, Y PRONTO ESTARÉ COMO NUEVA.

¿AH, SÍ? ¿Y QUÉ MECÁNICO TE COLOCARÁ ESAS PARTES?

NO ERES LA ÚNICA MECÁNICA EN LA GALAXIA, ¿SABÍAS ESO?

LA MEJOR, TAL VEZ. PERO NO LA ÚNICA.

LO SÉ. ES QUE NO QUISIERA CONFIARLE MI MEJOR AMIGA A UN EXTRAÑO.

HAS PASADO POR TANTO EN ESTOS ÚLTIMOS MESES... MIEMBROS DISLOCADOS, FIBRAS RASGADAS... POR TODAS LAS ESTRELLAS, ¿NO TUVISTE QUE COMPRAR UN NUEVO GLOBO OCULAR LUEGO DE SAN PETERSBURGO?

¡Y BIEN CARO! ESTOS OJOS QUE MUTAN SEGÚN LAS EMOCIONES NO SON ECONÓMICOS.

¿POR QUÉ NO TE TOMAS UN DESCANSO? REGRESA A LUNA Y REALIZAREMOS UN EXAMEN COMPLETO.

ANTES DE QUE SUCEDA ALGO DE LO QUE NI SIQUIERA TÚ PUEDAS RECUPERARTE... O ANTES DE QUE TERMINES EN UN DESIERTO CUALQUIERA CON UNA INTERFAZ DESTRUIDA Y SIN MANERA DE ENVIAR UN MENSAJE PARA QUE VAYAMOS A RESCATARTE.

EXAGERAS. SOY PRÁCTICAMENTE INVENCIBLE.

ESOS LOBITOS DEBERÍAN TENERME MIEDO.

ESTOY PREOCUPADA POR TI, IKO.

NO ERES INVENCIBLE. NECESITAS MANTENIMIENTO Y CUIDADO, Y TÚ SOLA TE LLEVARÁS A LA RUINA SI SIGUES A ESTE RITMO.

NO PUEDO DETENERME AHORA. QUEDAN SOLO CUATRO MANADAS SUELTAS. DÉJAME LIDIAR CON ELLOS PRIMERO; Y LUEGO REGRESARÉ A LUNA Y DEJARÉ QUE JUEGUES CON TUS PINZAS Y MI CEREBRO.

LO PROMETO.

SIGH

BIEN, AÚN NO TE PEDIRÉ QUE REGRESES. PERO TEN CUIDADO, Y ENVIARÉ A ALGUIEN PARA RESPALDARTE.

¿PARA RESPALDARME? ¿A QUIÉN?

NO ME HE DECIDIDO. ALGUIEN PREPARADO Y EN QUIEN YO CONFÍE. ALGUIEN QUE LA UNIÓN VAYA A APROBAR.

LO SIENTO, CINDER, PERO PARA CUANDO HAYAS ENCONTRADO A ALGUIEN QUE CONCUERDE CON TODOS ESOS PARÁMETROS, ESTAS MANADAS YA SERÁN HISTORIA.

AUNQUE ES LINDO QUE TE PREOCUPES.

HABLO EN SERIO, IKO. ENVIARÉ A ALGUIEN PARA AYUDARTE.

Y NO CONTACTES A NINGUNA DE ESAS MANADAS HASTA QUE ESO SUCEDA.

ES UNA ORDEN.

84

SNIF
SNIF

86

¡PLAM!

TÚ NO ERES EL ANDROIDE.

CLARO QUE NO. ¿PAREZCO UN ROBOT SIN CEREBRO ACASO?

NO, PERO TAMPOCO TE PARECES A UN CACHORRO SARNOSO QUE HA ESTADO BUSCANDO CARNE PODRIDA PARA DEVORAR. AUNQUE ASÍ ES EXACTAMENTE CÓMO HUELES...

Y TÚ HUELES A JUGUETE DE GOMA PARA MASCOTAS, NIÑITO.

¿FUE LA ANDROIDE QUIEN TE CAUSÓ ESTAS HERIDAS? ALGUIEN DEBERÍA REVISARLAS...

¡GRRRRRRRRRRR!

ANTES DE QUE SE INFECTEN.

ADIVINARÉ QUE AL RESTO DE TU MANADA TAMPOCO LE FUE MUY BIEN CON ELLA.

¿QUIÉN DIABLO ERES?

ALFA LYSANDER STEELE, OFICIAL ESPECIAL 212.

O AL MENOS LO FUI EN ALGÚN MOMENTO.

LSOP212

AHORA SOY SOLO UN LOBO SOLITARIO BUSCANDO JUSTICIA POR LOS CRÍMENES QUE SE COMETIERON CONTRA MÍ Y LOS MÍOS.

¿Y CUÁL ES EL CRIMEN QUE HE COMETIDO YO CONTRA TI, ALFA?

QUITANDO ESE OFENSIVO OLOR QUE ASALTA MIS SENTIDOS, NADA... AÚN.

ESTOY BUSCANDO A LA ANDROIDE.

NO ESTÁ AQUÍ. SI LO QUE QUIERES ES VENGANZA, TE INDICARÉ CÓMO LLEGAR A LA MINA EN DONDE LA VI LA ÚLTIMA VEZ.

PERO NI SUEÑES CON DEVORARLA. LA PROBÉ Y, CRÉEME, NO VALE LA PENA.

PERO NO BUSCO VENGARME DE ELLA, AUNQUE SÍ HA PROVOCADO LA IRA DE UNOS CUANTOS.

ENTONCES ¿QUÉ QUIERES CON ELLA?

SERÁ LA CARNADA PARA ATRAPAR A MI VERDADERO ENEMIGO.

LA REINA DE LUNA.

¿LA REINA?

LA FAMILIA REAL NOS CREÓ, NOS ARREBATÓ DE NUESTROS HOGARES Y NOS OBLIGÓ A SER ESCLAVOS Y MONSTRUOS... Y NOS ENVIARON A PELEAR SU GUERRA.

PERO AHORA QUE LA GUERRA HA TERMINADO, SELENE QUIERE ERRADICARNOS, A PESAR DE QUE NO HEMOS HECHO NADA MÁS QUE CUMPLIR CON LAS ÓRDENES DE SUS ANCESTROS.

O QUIZÁS QUIERA ESCLAVIZARNOS UNA VEZ MÁS. PODRÍA DEVOLVERNOS NUESTRAS VIDAS, NUESTRO DON LUNAR, NUESTROS CUERPOS Y MENTES, PERO SE HA NEGADO.

NUESTRAS MUTACIONES SON PERMANENTES. NO PUEDEN REVERTIRSE.

¡MENTIRA! ESA FUE UNA MENTIRA PARA MANTENERNOS COMO SUS ESCLAVOS. MENTIRAS PARA EVITAR QUE NI SIQUIERA LOS CUESTIONÁSEMOS.

FUIMOS HECHOS EN UN LABORATORIO. EN LUNA, PODRÍAN REVERTIRLO. LA NUEVA REINA SE HA NEGADO A DAR MARCHA ATRÁS CON LAS OPERACIONES, PERO ESPERO PERSUADIRLA.

¿USANDO ESA ANDROIDE COMO CARNADA? ¿CREES QUE LA REINA DE LUNA SE PREOCUPARÁ POR UN ÚNICO Y REPULSIVO ROBOT?

DEBES CONOCER MUY BIEN A TUS ENEMIGOS SI DESEAS DERROTARLOS.

SUS FORTALEZAS... Y SUS DEBILIDADES.

HABRÉ PERDIDO MI OPORTUNIDAD DE CAZAR A LA ANDROIDE...

PERO SELENE TIENE OTROS AMIGOS EN LA TIERRA. Y, CUANDO VENGA POR ELLOS, NOSOTROS YA ESTAREMOS LISTOS.

¿NOSOTROS?

CAPÍTULO IV

USTEDES NO CREEN QUE SUS CUERPOS SEAN DESHECHABLES O REEMPLAZABLES, ¿VERDAD? ¿POR QUÉ IBA A HACERLO YO?

RECOMENDARÉ UN NUEVO CHIP DE PERSONALIDAD. EL QUE TIENE PARECIERA ESTAR DEFECTUOSO.

¡NO ESTOY DEFECTUOSA!

Y DEJA DE HABLAR CON ELLA. YO SOY TU CLIENTA. ¡YO!

PERO TÚ SOLO ERES UNA ANDROIDE DE COMPAÑÍA.

TÚ ERES... UN PRODUCTO.

SALE

30% OFF ¡Llévame a casa hoy!

ME GUSTA ESTE.

SE PARECE A TI, CRESS. ¡SOLO QUE MÁS ALTA!

¿DEBO TOMAR ESO COMO UN CUMPLIDO?

TIENE USTED UN GUSTO EXQUISITO. ES DE NUESTRA NUEVA LÍNEA DE HÉROES. FUE LANZADA ESTA TEMPORADA.

DÉJEME MOSTRARLE EL RESTO DE LA LÍNEA. HA TENIDO GRAN ÉXITO.

ESTE ES EL MÁS VENDIDO. "CINDERA LYNNE", LA REVOLUCIONARIA LUNAR.

ESO ES PERTURBADOR...

CREO QUE UNA VEZ TUVE UN SUEÑO QUE COMENZABA EXACTAMENTE ASÍ.

¡ASES Y ESPADAS! ¡SI ES EL ANDROIDE DE COMPAÑÍA MÁS ATRACTIVO QUE JAMÁS HAYA VISTO!

¿LO PODEMOS LLEVAR?

¡NO!

EL CAPITÁN THOR TAMBIÉN ES MI FAVORITO.

CLAP CLAP CLAP

¿POR QUÉ HICIERON ESTO? ¿NO SE NECESITA UN PERMISO O ALGO ASÍ?

NO, ESTA LÍNEA ES CIEN POR CIENTO FICTICIA. CUALQUIER PARECIDO CON LA REALIDAD, ES PURA COINCIDENCIA.

LO DICE EN EL DESCARGO DE RESPONSABILIDAD

¿DÓNDE ESTÁ IKO, LA ENCANTADORA Y AUDAZ COMPINCHE DE LA REINA LUNAR?

SIN DUDAS, DEFECTUOSA.

ESTE ES UN TERRIBLE ERROR.

AL MENOS NO HAS SIDO OBJETIFICADA.

SOY UNA ANDROIDE DE COMPAÑÍA. SOY LA DEFINICIÓN EN PERSONA DE "OBJETO".

A MÍ NO ME IMPORTA HABER SIDO OBJETIVIZADO.

LAMENTABLEMENTE, LOS MODELOS DE ESTA LÍNEA NO SON PARTE DE LAS REBAJAS, PERO CON GUSTO DESCONTARÉ EL 10% DEL PRECIO DE LISTA.

ME LO LLEVO.

NO TE LLEVAS NADA.

PIÉNSALO, CRESS. PODRÍAMOS ENVIARLO A LA GALA EN MI LUGAR.

¿NO CREES QUE TUS PADRES NOTARÍAN LA DIFERENCIA ENTRE TU YO REAL Y UN ANDROIDE DE COMPAÑÍA?

APUESTO QUE ME VERÍAN MEJORADO.

NO VINIMOS AQUÍ A COMPRAR UN ANDROIDE DE COMPAÑÍA. NECESITAMOS PARTES NUEVAS PARA IKO. Y ESO ES...

¡ACHÍS!

¡AY, NO! NO TE HAS VUELTO A ENFERMAR, ¿CIERTO?

PORQUE, SI NO PUEDES IR A LA FIESTA, YA TENGO QUIEN TE REEMPLACE.

BROMEABA...

AY, DIOS...

LO QUE QUISE DECIR ES QUE ESTAMOS AQUÍ PARA COMPRAR PARTES NUEVAS PARA NUESTRA AMIGA, QUE ES UNA ANDROIDE DE COMPAÑÍA Y TAMBIÉN UNA GRAN HEROÍNA QUE MERECE TODO NUESTRO RESPETO.

GRACIAS, CAPITÁN.

SI INSISTEN...

ARMARÉ UNA ORDEN QUE DEBERÁN LLEVAR AL MOSTRADOR DE REPARACIONES EN EL FONDO DE LA TIENDA.

SALE

Y, SOLO PORQUE ESTAMOS ORGULLOSOS DE NUESTROS PRODUCTOS, AGREGARÉ UN NUEVO CHIP DE PERSONALIDAD SIN CARGO, EN CASO DE QUE CAMBIEN DE IDEA Y CONSIDEREN HACER EL CAMBIO.

LOS ANDROIDES NO HAN SIDO DISEÑADOS PARA SER CABEZADURAS Y EGOISTAS, SINO OBEDIENTES Y AGRADABLES.

QUE SEMEJANTE PERSONALIDAD ESTÉ EN EL MERCADO ES UN INSULTO PARA AQUELLOS QUE NOS TOMAMOS ESTE NEGOCIO TAN SERIAMENTE.

ESPERO QUE LO RECONSIDEREN.

YA DE REGRESO EN LA RAMPION...

¿CÓMO VA ESO?

CASI TERMINAMOS. ACTIVÉ EL PROGRAMA DE INSTALACIÓN DEL NUEVO HARDWARE, Y QUEDARÁ COMO NUEVA.

Y, CUANDO DICE "COMO NUEVA", SE REFIERE A "NATURALMENTE CON DEFECTOS Y UNA BURLA A TODOS LOS ANDROIDES DE COMPAÑÍA DE LA GALAXIA".

¿SIGUES ENFADADA CON ESA VENDEDORA?

INTENTÉ EXPLICARLE QUE LA MUJER ERA UNA IGNORANTE LLENA DE PREJUICIOS POR LA QUE NO VALE LA PENA SIQUIERA OFENDERSE.

SÍ, SOLO QUE OPINA IGUAL QUE LA MAYORÍA DE LOS HUMANOS.

PERO NO LOS HUMANOS QUE IMPORTAN.

TIENES RAZÓN. NO DEBERÍA DEJAR QUE ME MOLESTE, PERO ES DIFICIL.

A VECES ME SIENTO SOLA, SABIENDO QUE NO HAY OTROS ANDROIDES ALLÍ AFUERA.

Y QUE TAMPOCO ME PAREZCO A MIS AMIGOS...

¿ESTÁS SEGURA DE QUE NO HAY OTROS... COMO TÚ?

HE OÍDO RUMORES, PERO JAMÁS HE VISTO ALGUNO. QUIZÁS SEA PORQUE TODOS LOS DEMÁS HAN SIDO DECLARADOS DEFECTUOSOS Y LUEGO DESTRUIDOS.

CREEN QUE UN ANDROIDE QUE NO SIGUE ÓRDENES NO VALE LA PENA.

CUANDO ADRI INTENTÓ VENDERME, NADIE ACEPTABA MI CHIP DE PERSONALIDAD DEFECTUOSO. DECÍAN QUE ERA UN PROBLEMA TÉCNICO.

ELLOS SE LA PERDIERON. LO QUE DIJE EN LA TIENDA ES LO QUE SIENTO. TÚ ERES UNA HEROÍNA, IKO. COMO TODOS NOSOTROS.

Y, MIENTRAS QUE NOSOTROS NOS VIMOS FORZADOS A ACTUAR COMO HÉROES, TÚ LO HICISTE POR BONDAD Y LEALTAD.

¿CUÁNTOS ANDROIDES PUEDEN DECIR LO MISMO?

ES VERDAD.

Y HABLANDO DE ANDROIDES INFERIORES, ¿QUÉ SE SUPONE QUE DEBA HACER CON TU NUEVO CHIP DE PERSONALIDAD?

QUE VAYA DIRECTO AL COMPACTADOR DE BASURA.

YA PASÉ MUCHO TIEMPO SIENDO "OBEDIENTE Y AGRADABLE" CUANDO ERA SIRVIENTE DE LINH ADRI.

Y NO TENGO PENSADO VOLVER A SER ESA ANDROIDE OTRA VEZ.

BIEN. ME GUSTA QUE LOS MIEMBROS DE MI TRIPULACIÓN TENGAN UN TOQUE DE DESCARO.

A LA BASURA ENTONCES.

NO, ESPERA. PODRÍA SERVIRME.

¿PARA QUÉ?

BUENO... COMO PRECAUCIÓN.

SI YA ESTÁS LISTA, QUIZÁS QUIERAS CONECTARTE A LA ESTACIÓN DE RECARGA Y LUEGO REINICIARTE.

VI QUE TU CELDA DE ENERGÍA ESTABA DESC-... DESC-...

¡ACHÍS!

¿TE ENCUENTRAS BIEN?

NO OTRA VEZ...

¿ESTÁS SEGURO DE QUE NO ES LA PLAGA ENTONCES?

POSITIVO. AMBOS FUIMOS INMUNIZADOS.

YA SE LOS DIJE. ES UNA ALERGIA.

PERO NO PUEDO ENFERMARME. ¡LA GALA ES ESTA NOCHE!

BUENO, ENTONCES TE METEREMOS EN LA CAMA PARA QUE PUEDAS RECUPERARTE A TIEMPO PARA TU GRAN DEBUT EN L.A.

¡ACHÍS!

LE CREO AL CAPITÁN CUANDO DICE QUE CRESS NO CORRE PELIGRO. PERO ME PREOCUPA.

NO CREO QUE LOS HUMANOS SEPAN CUÁN FRÁGILES SON SUS CUERPOS. TANTAS HERIDAS QUE RESULTAN MENORES PARA MÍ PODRÍAN SER FATALES PARA MIS AMIGOS.

COMO PEONY, MI PRIMERA AMIGA. LA PRIMERA PERSONA QUE ME TRATÓ COMO ALGO MÁS QUE UN ROBOT.

ANTES DE QUE LO OLVIDE. TRAJE ALGO PARA TI, IKO.

¡GRACIAS! ES MUY BONITO.

PEONY, POR FAVOR. CUMPLÍ CON MI PROMESA. LO TRAJE. NO PUEDES MORIRTE. AQUÍ ESTOY...

PEONY MURIÓ DE LETUMOSIS UN AÑO ATRÁS, PERO AÚN PIENSO MUCHO EN ELLA.

LOS HUMANOS SON MUY DELICADOS. MIS AMIGOS SON MUY VULNERABLES.

NO PODRÍA SOPORTAR PERDER A ALGUIEN MÁS.

ARTEMISA, LUNA

ESTAMOS CASI LISTAS, SU MAJESTAD.

SE VE FANTÁSTICO, TRESSA. MUCHAS GRACIAS.

ME ENCANTARÍA PARTICIPAR DE ESTE ENCUENTRO.

DISFRUTARÍA VER SUS CARAS CUANDO LES CUENTE CUÁL ES SU PLAN.

YA ESTÁ. CREO QUE ESTÁ LISTA.

OJALÁ TENGAS RAZÓN.

GRACIAS, KINNEY.

¿RECIBISTE LAS ÓRDENES QUE ENVIÉ ESTA MAÑANA?

SÍ, MI REINA.

FUE REALMENTE UNA SORPRESA, PERO RESPONDO A SUS ÓRDENES.

QUIZÁ NO POR MUCHO MÁS TIEMPO.

SI USTEDES DOS SE VAN A PONER ENIGMÁTICOS, MEJOR IRÉ A TERMINAR DE EMPACAR.

CLAP CLAP

IRÉ A LA TIERRA.

¡INCLUSO DECIRLO AÚN SUENA EXTRAÑO!

TU AYUDA SERÁ INVALUABLE DENTRO DEL SÉQUITO DE WINTER. AUNQUE NO SÉ CÓMO SOBREVIVIRÉ SIN TI O IKO AQUÍ DICIÉNDOME QUÉ HACER.

TODOS DE PIE PARA RECIBIR A SU MAJESTAD, LA REINA.

POR FAVOR, NO.

PREFERIRÍA QUE SEA UNA REUNIÓN SIN LAS FORMALIDADES REALES.

PERO TE HAS PUESTO TU CORONA.

USTED SIEMPRE TAN OBSERVADOR, TAUMATURGO SCALESE.

MI DONCELLA ME CONVENCIÓ DE QUE EL SIMBOLISMO DE LA CORONA DE LUNA AYUDARÍA EN LO QUE HOY QUIERO TRATAR CON USTEDES.

ESTAMOS TODOS ANSIOSOS POR SABER DE QUÉ SE TRATA.

SU MAJESTAD NO SUELE SALIRSE DE LA AGENDA DEL GABINETE.

ESTA NO ES UNA REUNIÓN COMÚN Y CORRIENTE.

LOS HE REUNIDO AQUÍ PARA ANUNCIAR MIS PLANES RESPECTO DEL FUTURO DE LUNA.

ESTOY SEGURA DE QUE TODOS YA HABRÁN ESCUCHADO LOS RUMORES, Y HOY CONFIRMARÉ LAS ESPECULACIONES.

HACIA EL FINAL DE ESTE AÑO, DESEO COMENZAR CON LA TRANSICIÓN DE UNA MONARQUÍA A UNA VERDADERA REPÚBLICA.

DURANTE LOS PRÓXIMOS DOCE MESES, SE REALIZARÁN ELECCIONES PARA ELEGIR NUESTRO PRIMER LÍDER DEMOCRÁTICO Y FUNCIONARIOS REPRESENTANTES DE TODOS LOS SECTORES.

Y, CUANDO EL LÍDER HAYA SIDO ELECTO...

YO ABDICARÉ EL TRONO.

117

EQUIDAD, RESPETO Y JUSTICIA.

ESO ES LO QUE LUNA NECESITA. NO SOLO PARA ESTA GENERACIÓN, SINO PARA EL FUTURO DE LUNA.

MUCHAS GRACIAS, WIN-... QUIERO DECIR, EMBAJADORA.

CLARO QUE, SI LO DICES EN VOZ ALTA, CREERÁN QUE ESTÁS TAN LOCA COMO YO.

ESTOY ACOSTUMBRADA A QUE LA GENTE CREA QUE ESTOY LOCA. AL MENOS, ESTA VEZ PUEDO ESTAR SEGURA DE QUE SE EQUIVOCAN.

TENGO LA CICATRIZ QUE LO PRUEBA.

ELLA ES WINTER. ERA LA HIJASTRA DE LA REINA LEVANA, Y SUS CICATRICES SON EL RESULTADO DEL TRATO MATERNAL DE LA REINA.

DURANTE AÑOS, WINTER PADECIÓ LA ENFERMEDAD LUNAR, UNA ESPECIE DE DEMENCIA... PORQUE SE HABÍA REHUSADO A MANIPULAR A LAS PERSONAS A SU ALREDEDOR. PERO SE HAYA ESTABLE DESDE QUE SE LE COLOCÓ UN IMPLANTE ESPECIAL EN SU COLUMNA VERTEBRAL, Y AHORA ES LA EMBAJADORA EN LA TIERRA.

EL DISPOSITIVO DE GARAN PODRÁ PROTEGERTE DE LA ENFERMEDAD LUNAR, PERO ESO NO SIGNIFICA QUE NO ESTÁS LOCA.

ES CIERTO, PERO AL MENOS AHORA CUALQUIER TIPO DE LOCURA ES MÍA Y DE NADIE MÁS.

SU MAJESTAD.

DE HECHO, SI PUDIERA DAR OTRO PUNTO DE VISTA...

HEMOS DISCUTIDO SU PROPUESTA, Y DEBEMOS INSISTIR EN QUE RECONSIDERE SU PLAN DE ABDICAR EL TRONO Y ABANDONE ESTA IDEA DE INMEDIATO.

DEBO APLAUDIR ESTA DECISIÓN, AUNQUE SEA EL ÚNICO EN EL CONCEJO QUE LO HAGA. UN LÍDER ELECTO TIENE SENTIDO, SI PENSAMOS EN TODO POR LO QUE HEMOS PASADO.

NO ESTÁ SOLO, SIR CLAY. ESTE ES UN ACTO GENEROSO DE PARTE DE SU MAJESTAD, Y CREO QUE NOS BENEFICIARÁ A NOSOTROS Y A LAS GENERACIONES VENIDERAS.

AGRADEZCO CADA UNA DE SUS OPINIONES, YA SEA A FAVOR O EN CONTRA. DICHO ESO, YA LO HE PENSADO LO SUFICIENTE Y ESTOY CONVENCIDA DE QUE ESTO SERÁ LO MEJOR PARA EL FUTURO DE LUNA.

UN CONCEJO DE LÍDERES ELECTOS ES EXACTAMENTE LO QUE ESTE PAÍS NECESITA PARA AVANZAR.

MIREN A QUIENES ESTÁN AQUÍ SENTADOS.

NOMBRÉ A TRES DE USTEDES PARA MI GABINETE ASESOR. EMBAJADORA WINTER, POR SUS CONTACTOS CON LA ARISTOCRACIA LUNAR Y LAS CLASES SOCIALES, Y AHORA SUS RELACIONES CON LA TIERRA.

DOCTOR BENSON, POR SU CONOCIMIENTO SOBRE LOS VACÍOS CAUTIVOS Y LOS SOLDADOS BIOGENÉTICAMENTE FABRICADOS.

Y SIR GARRISON CLAY, POR SU REPUTACIÓN DE LEALTAD Y OBJETIVIDAD DURANTE SUS AÑOS SIRVIENDO A LA GUARDIA REAL.

EL RESTO DE USTEDES FUERON ELEGIDOS POR LA GENTE DE LUNA... SUS PARES.

TAUMATURGO SCALESE, DIPUTADO VENIER, FUERON ELEGIDOS PARA HABLAR EN NOMBRE DE LOS SECTORES INTERNOS Y LOS CIUDADANOS DE ARTEMISA.

Y LOS DIPUTADOS DELA Y KRANDER, PARA HABLAR EN NOMBRE DE LA GENTE DE LOS SECTORES PERIFÉRICOS.

LOS SIETE TRABAJARÁN JUNTOS PARA ACONSEJARME EN MIS DECISIONES, QUE BENEFICIARÁN A TODOS EN LUNA. LA ELECCIÓN FUNCIONÓ. LA JUSTICIA Y LA EQUIDAD FUNCIONAN.

SÍ, FUNCIONAN PORQUE LA TENEMOS A USTED, NUESTRA REINA, PARA GUIARNOS.

Y ME ALEGRA QUE ASÍ LO SIENTAN. HE SIDO LA MEJOR REINA QUE PUDE SER EN EL CORTO PERÍODO EN QUE HE OCUPADO EL TRONO.

PERO NO PUEDO PENSAR EN LUNA SOLO POR CÓMO ES AHORA. DEBO PENSAR EN EL FUTURO. CON NUESTRO SISTEMA ACTUAL, ES MUY PROBABLE QUE VAYA A HABER OTRA LEVANA... O INCLUSO ALGUIEN PEOR.

NO DEJARÉ QUE ESO SUCEDA.

DEJAR QUE LA GENTE DE LUNA ELIJA A SUS LÍDERES ES LA ÚNICA MANERA DE ASEGURAR UN SISTEMA JUSTO Y EQUILIBRADO.

ADEMÁS, CREO QUE AÚN NO HAN PROCESADO LO QUE SIGNIFICARÍA UN GOBIERNO ASÍ.

TODO CIUDADANO LUNAR QUE CUMPLA CON LOS REQUISITOS PODRÁ POSTULARSE. LO QUE SIGNIFICA QUE CUALQUIERA DE USTEDES PODRÍA SER EL PRÓXIMO LÍDER DE LUNA.

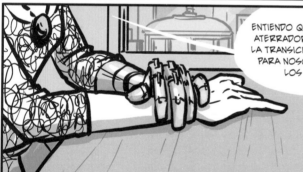

ENTIENDO QUE EL CAMBIO SUENA ATERRADOR. Y NO ESPERO QUE LA TRANSICIÓN SEA FÁCIL, TANTO PARA NOSOTROS COMO PARA LOS CIUDADANOS.

PERO SÉ QUE LA GENTE DE LUNA NECESITA PODER VIVIR SUS VIDAS A SU MANERA Y NO DE LA FORMA EN QUE SE LO IMPONGAN.

DURANTE MUCHO TIEMPO, LUNA HA SIDO GOBERNADA POR REYES Y REINAS QUE SE PREOCUPABAN MÁS POR SU ORGULLO QUE EL BIENESTAR DE SU PUEBLO. GOBERNARON A TRAVÉS DEL MIEDO Y LA MANIPULACIÓN.

ESO TERMINARÁ CONMIGO.

UNA PREGUNTA, SU MAJESTAD. SI LA TRANSICIÓN ES EXITOSA, ¿CÓMO PUEDE ESTAR SEGURA DE QUE EL NUEVO LÍDER NO SERÁ UN TIRANO MÁS COMO LEVANA Y SUS PRECESORES?

ES UN PUNTO EXCELENTE, SIR CLAY. ME ALEGRA QUE LO PREGUNTARA.

PARA LOGRAR LA TOTAL TRANSPARENCIA, SE ESCRIBIRÁ EN NUESTRAS LEYES QUE TODO CANDIDATO **DEBERÁ** LLEVAR UN DISPOSITIVO DE SEGURIDAD BIOELÉCTRICO.

COMO SABRÁN, ESTE DISPOSITIVO EVITA QUE LOS LUNARES HAGAN USO DE SU DON. NO PODRÁN MANIPULAR A NADIE PARA CONSEGUIR VOTOS.

TAMBIÉN AYUDARÁ A NIVELAR EL CAMPO, PARA QUE LAS FAMILIAS PRIVILEGIADAS DE ARTEMISA NO PUEDAN INFLUIR EN LA ELECCIÓN A TRAVÉS DE SUS HABILIDADES LUNARES. SERÁN JUZGADOS SEGÚN SUS LEYES Y VALORES.

¿ESPERA QUE RENUNCIEMOS A NUESTRO DON?

SOLO AQUELLOS QUE DESEEN PARTICIPAR DE LA ELECCIÓN.

LES RECUERDO A TODOS QUE HE LLEVADO EL DISPOSITIVO CONMIGO DURANTE MESES Y NO ME HA CAUSADO NINGÚN DAÑO.

ES CIERTO. YO HE MONITOREADO SUS SIGNOS VITALES DESDE LA OPERACIÓN. EL DISPOSITIVO ANULÓ SU DON, SIN NINGÚN TIPO DE EFECTO COLATERAL.

HASTA PODRÍA DECIR QUE ESTE DON ES MÁS UNA MALDICIÓN QUE UN PRIVILEGIO.

SÉ QUE NECESITARÁN TIEMPO PARA PROCESAR ESTA DECISIÓN. SUGIERO QUE CONTINUEMOS EN EL PRÓXIMO ENCUENTRO.

ESPERO PODER ANUNCIAR MIS INTENCIONES ANTES DE PARTIR A LA TIERRA.

LES RECUERDO QUE EL SISTEMA DEMOCRÁTICO SE HA EMPLEADO EN PAÍSES TERRÍCOLAS DURANTE DÉCADAS. HAREMOS QUE FUNCIONE. Y LAS FUTURAS GENERACIONES EN LUNA SE BENEFICIARÁN GRACIAS A NUESTRA VALENTÍA.

GRACIAS. YA PUEDEN RETIRARSE.

SIGO CREYENDO QUE ES UN ERROR.

¿RENUNCIAR A NUESTRO DON? ¡CÓMO SE ATREVE!

ES UNA ADOLESCENTE. NO SABE LO QUE DICE.

PERO SU PUNTO ES VÁLIDO. TÚ Y YO FUIMOS ELEGIDOS DESPUÉS DE TODO.

NO LLEGARÁ A REALIZARSE. RECUERDEN LO QUE LES DIGO.

PREFERIRÍA AHOGARME EN EL LAGO A DEJAR QUE ME INSTALEN ESE DISPOSITIVO TERRESTRE EN MI SISTEMA NERVIOSO.

GRACIAS A TODAS LAS ESTRELLAS, ESA PARTE YA TERMINÓ.

ESTUVISTE GRANDIOSA. MUY REAL Y PERSUASIVA.

¿PERSUASIVA? ESO SIGNIFICARÍA QUE SÍ LOS HE CONVENCIDO.

CREO QUE DELA Y KRANDER VIERON EL POTENCIAL, PERO LOS SECTORES MÁS CENTRALES SE OPONDRÁN A LA IDEA DEL DISPOSITIVO. ESTOY SEGURA.

QUE LO HAGAN. LO QUE ES MEJOR PARA UNOS POCOS NO SIEMPRE ES LO MEJOR PARA MUCHOS.

NO DEBERÍAMOS SUBESTIMAR LA OPINIÓN DE LA GENTE DE ARTEMISA. PODRÁN SER MINORÍA, PERO SON MUY INFLUYENTES, INCLUSO EN LOS SECTORES MÁS ALEJADOS.

AL DIABLO CON SU INFLUENCIA. ESOS ARISTÓCRATAS MALCRIADOS PUEDEN IR A NADAR EN UN AGUJERO NEGRO. LA DECISIÓN ES DE CINDER Y DE NADIE MÁS.

ÉL ES SIR JACIN CLAY, UN GUARDIA REAL Y EL MEJOR AMIGO, NOVIO Y ALMA GEMELA DE WINTER. NO LE CAÍ BIEN LA PRIMERA VEZ, PERO HA APRENDIDO A VALORARME.

SÍ, ES MI DECISIÓN... UNA QUE YA HE TOMADO. PERO NECESITO EL APOYO DE LA GENTE SI QUIERO QUE LAS ELECCIONES SEAN UN ÉXITO.

ADEMÁS, QUIERO QUE LOS SECTORES MÁS CENTRALES Y PERIFÉRICOS APRENDAN A COOPERAR PARA QUE TODOS PODAMOS PROSPERAR.

LA GENTE TE AMA, CINDER. ESTOY SEGURA DE QUE MUCHOS SE OPONDRÁN A TU ANUNCIO.

ES UNA HERMOSA IRONÍA QUE LA REINA MÁS GRANDE QUE HAYAMOS TENIDO SEA LA PRIMERA EN QUERER QUITARSE LA CORONA.

BIEN. ¿PUEDEN PONER ESO EN MI RETRATO EN EL GRAN SALÓN? "REINA SELENE BLACKBURN: UNA GRAN IRONÍA TRAS OTRA".

NO DEBE PREOCUPARSE, SU MAJESTAD.

LO ENTENDERÁN. LA DECISIÓN PODRÁ SORPRENDERLOS, PERO NO ES ALGO ILÓGICO, Y NO TIENE NADA DE TONTO.

Y ÉL ES SIR GARRISON CLAY. FUE UN GUARDIA REAL EN LA ÉPOCA DE LEVANA, AUNQUE DISFRUTÓ PODER APOYAR A CINDER, LA VERDADERA REINA, LUEGO DE LA REVOLUCIÓN.

PERSONALMENTE, ESTOY MUY ORGULLOSO DE USTED.

GRACIAS, SIR CLAY. SU APOYO SIEMPRE HA SIGNIFICADO MUCHO PARA MÍ DESDE EL DÍA QUE ESTE CONCEJO SE FORMÓ.

ES UN ALIVIO VER QUE NO CREA QUE ESTOY SIENDO DEMASIADO IDEALISTA.

SIR CLAY FUE UNO DE LOS MIEMBROS MÁS RESPETADOS DE LA GUARDIA REAL, Y SU APOYO AYUDÓ A ALIVAR TENSIONES ENTRE CINDER Y LA GUARDIA.

DEMASIADO, NO. IDEALISTA, SÍ. PERO CREO QUE PODEMOS LIDIAR CON EL IDEALISMO. SI HAY ALGO QUE TU REINO HA PROBADO, ES ESO.

HABLANDO DE IDEALISMO, EMBAJADORA WINTER, ENTIENDO QUE PRONTO ESTARÁ YENDO A LA TIERRA OTRA VEZ, ¿CIERTO?

ASÍ ES. JACIN Y YO DEBEMOS IR DIRECTO AL PUERTO AHORA.

ENTONCES ME DESPIDO AHORA. MANTÉN A JACIN ALEJADO DE PROBLEMAS.

NO SEA TONTO, GARRISON. SABE QUE JACIN ES SIEMPRE EL QUE DEBE CUIDAR DE MÍ.

AH, CLARO. GARRISON TAMBIÉN ES EL PADRE DE JACIN.

UNIÓN TERRESTRE, ¡AQUÍ VAMOS! LLEVO UNOS TENTEMPIÉS EXTRA POR SI ALGUIEN TIENE HAMBRE DURANTE EL VUELO. Y NECESITAREMOS COMPRAR ALGO LLAMADO "BLOQUEADOR SOLAR" CUANDO HAYAMOS LLEGADO.

TAMBIÉN DESCARGUÉ TRES JUEGOS HOLOGRÁFICOS NUEVOS, ¡TODOS CON JUGADORES MÚLTIPLES!

ANTI-ABURRIMIENTO ANTE TODO.

RECUÉRDAME POR QUÉ VIENE CON NOSOTROS.

SÉ AMABLE.

LA ÚLTIMA ASISTENTE DE WINTER TIENE LICENCIA POR MATERNIDAD, Y WINTER MERECE UN SÉQUITO ADECUADO PARA ESTE TIPO DE VIAJES.

129

LOS QUIERO A AMBOS CONCENTRADOS EN DIFUNDIR HISTORIAS QUE REPRESENTEN EL ÉXITO DEL DISPOSITIVO DE GARAN. Y ESTARÍA BIEN DESTACAR LA BAJA EN LOS ATAQUES TAMBIÉN.

QUE TRESSA SE OCUPE DE LOS DETALLES, COMO QUÉ ATUENDOS SE CONSIDERAN APROPIADOS A LA HORA DEL TÉ CON LA REINA DEL REINO UNIDO, POR EJEMPLO.

DESCARGUÉ UN CATÁLOGO ENTERO DE SOMBREROS.

AHORA VEO POR QUÉ CREÍSTE QUE ERA IMPORTANTE QUE VINIERA.

ME GUSTAN LOS SOMBREROS.

NO ENCONTRARÁS UN COMPAÑERO DE VIAJE MÁS ENTUSIASTA QUE TU NUEVO PILOTO, TE LO ASEGURO.

DISCULPE, SU MAJESTAD. INTENTARÉ ALEGRAR MI TEMPERAMENTO.

¿QUÉ? ¿TÚ TAMBIÉN VIENES?

LOS CONDUCIRÉ HASTA LA COMUNIDAD. SU MAJESTAD ME HA DADO UNA TAREA APARTE.

EVIDENTEMENTE MI TIEMPO SIRVE MÁS A MILES DE KILÓMETROS QUE EN LUNA, CUIDANDO DE LA REINA TAL COMO LO HABÍA JURADO.

TE CONFÍO MI VIDA Y LAS DE MIS AMIGOS. LAMENTABLEMENTE, NO QUEDA MUCHA GENTE EN LUNA A LA QUE LE CONFIARÍA ESO.

POR ESO ME NECESITA AQUÍ.

ESTA MISIÓN ES IMPORTANTE PARA MÍ Y PARA NUESTRAS RELACIONES CON LA TIERRA. DE LO CONTRARIO, NO TE HABRÍA PEDIDO QUE FUERAS.

SIGH

COMO DIJE, SU MAJESTAD, ESTOY A SUS ÓRDENES.

ESO ES LO GRACIOSO
SOBRE LA LEALTAD.

TODO EL MUNDO
LA RELACIONA CON
LA CORONA O UN TÍTULO.
PERO NO TIENE NADA QUE
VER CON ELLO.

ADIÓS, PRIMA.
NOS VEREMOS
CUANDO LLEGUES
A LA TIERRA.

MÁNDALE MIS
SALUDOS A KAI.

Y KINNEY... POR
FAVOR, CUIDA BIEN
DE IKO.

HARÉ LO
QUE PUEDA.

CAPÍTULO V

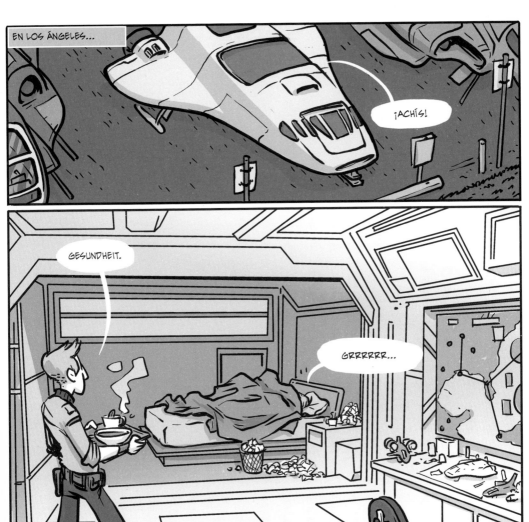

DE HECHO, SOSPECHO QUE TU SISTEMA INMUNOLÓGICO TAMPOCO QUIERE QUE YO ME DIVIERTA.

LO SIENTO MUCHO.

NO TE PREOCUPES. TENEMOS LA VIDA ENTERA PARA QUE PUEDA MOSTRARTE EL MUNDO.

NO, LO LAMENTO PORQUE NO CREO PODER IR A LA FIESTA DE ESTA NOCHE.

SUPUSE QUE IBAS A DECIR ESO.

NO CREO QUE ME PERMITAS QUE ME QUEDE AQUÍ PARA CUIDAR DE TI...

CARSWELL, TÚ ERES EL INVITADO DE HONOR. DEBES ESTAR AHÍ.

TAL VEZ PODRÍAS LLEVAR A IKO.

¿NO QUIERES QUE SE QUEDE CONTIGO?

VOY A ESTAR DESCANSANDO, AÑORANDO LOS DÍAS EN QUE PODÍA RESPIRAR POR AMBAS FOSAS NASALES.

ADEMÁS, IKO SE DIVERTIRÁ MUCHO EN LA FIESTA.

AL MENOS ALGUIEN LO HARÁ.

AHORA COME ALGO E INTENTA DORMIR UN POCO.

ADMITIRÉ QUE ME SIENTO ESTAFADA. ENFERMARSE SIEMPRE SE VIO TAN ROMÁNTICO EN LOS DRAMAS DE TELEVISIÓN...

SI SIRVE DE CONSUELO, NI TODA LA FLEMA Y LOS MOCOS DEL MUNDO PODRÍAN HACERTE MENOS BELLA.

SOLO LO DICES PARA HACERME SENTIR BIEN.

LO QUE SEA POR TI.

ENTONCES, LINH-JIÉ, ¿USTED VIVIÓ CON LA CYBORG DURANTE CINCO AÑOS SIN SABER QUE ELLA ERA LA REINA PERDIDA SELENE?

¡INCREÍBLE!

BUENO, DE MÁS ESTÁ DECIR QUE NO SE PARECÍA EN NADA A UNA PRINCESA. CUANDO LA VERDAD SALIÓ A LA LUZ, YO FUI LA MÁS SORPRENDIDA.

¡QUÉ ESCÁNDALO! PERO TODOS HEMOS OÍDO RUMORES DE LA, DIGAMOS, INDISCRETA CONSTITUCIÓN DE LA REINA LUNAR.

A VECES SIGO ESPERANDO QUE ALGUIEN ME DIGA QUE FUE UNA BROMA. ¿UNA CYBORG QUE ES DE LA REALEZA? ¡RIDÍCULO!

ESTOY SEGURA DE QUE MUCHOS TELEVIDENTES ESTARÁN DE ACUERDO.

PERO CLARO QUE NO LA INVITAMOS AQUÍ PARA QUE NOS CUENTE CHISMES DE LINH CINDER. ¿POR QUÉ NO NOS HABLA DE LA ÚLTIMA INVENCIÓN DE SU MARIDO? ESTE "DISPOSITIVO DE SEGURIDAD BIOELÉCTRICO". ENTIENDO QUE LES HA GENERADO MUCHO DINERO, ¿NO ES ASÍ?

BUENO, LOS BENEFICIOS ECONÓMICOS HAN SIDO MUCHOS, SÍ. PERO LO MÁS IMPORTANTE ES QUE EL DISPOSITIVO DE GARAN AYUDA A MILLONES A ASEGURARSE DE QUE JAMÁS VOLVERÁN A SER MANIPULADOS POR LUNARES.

LINH-JIÉ, NO ESPERABA QUE FUERA TAN HUMANITARIA.

AHORA IREMOS A UNA PAUSA. PERO, A LA VUELTA, EXPLICAREMOS CÓMO FUNCIONA ESTE DISPOSITIVO Y CÓMO PUEDE AYUDARNOSO A TODOS A MANTENERNOS A SALVO.

PANTALLA... APAGADA.

¿ADRI, HUMANITARIA? CLARO, ¡Y YO SOY LA DICTADORA MARCIANA!

IKO, ¿YA ESTÁ CARGADA TU CELDA DE ENERGÍA?

98%. ¿POR...

ESTÁS DE SUERTE. SERÁS MI CITA ESTA NOCHE EN LA GALA.

ENTONCES EL AFORTUNADO SERÁ USTED, CAPITÁN.

¿CRESS NO HA MEJORADO AÚN?

LAMENTABLEMENTE, NO. SEGURAMENTE SE SIENTA MEJOR DESPUÉS DE DESCANSAR LA NOCHE ENTERA.

Y NO HAY MANERA DE QUE VAYA A ESTA COSA YO SOLO.

CONSIDÉRAME TU ANDROIDE SALVADORA. EXCEPTO QUE... NO TRAJE UN VESTIDO. TRAJE ROPA SOLO PARA CAZAR MUTANTES SEDIENTOS DE SANGRE.

CRESS TE PRESTARÁ EL SUYO. QUIZÁ TE QUEDE UN POCO CORTO, PERO TENDRÁS QUE CONFORMARTE.

SÍ, ¡ME ENCANTA!

CLICK

CLICK

FLASH

FLASH

¡ES ÉL!

CLICK

CLICK

CARSWELL,
¡POR AQUÍ!

¿QUIÉN ES
TU CITA?

¿QUÉ SE
SIENTE ESTAR
DE REGRESO?

¿TIENES
UNA
MISIÓN?

¿SON CIERTOS
LOS RUMORES
SOBRE TÚ Y LA
REINA SELENE?

CLICK

CLICK

ASES... POR
FAVOR, NO.

¿QUÉ? CREÍ
QUE TE GUSTABA
ESTE TIPO DE
ATENCIÓN.

CLICK

NO SE TRATA
DE ESO...

CARSWELL,
¡AQUÍ!

143

CARSWELL... QUERIDO...

ESA ES... MI MAMÁ.

¡HA PASADO TANTO TIEMPO! QUÉ CRUEL HAS SIDO. ¡JAMÁS UN MENSAJE O UNA VISITA!

¡CÁSATE CONMIGO CARSWELL!

QUÉ EXTRAÑO. ESTOY CASI SEGURO DE QUE TÚ Y PADRE ERAN LOS QUE NO QUERÍAN SABER NADA MÁS DE MÍ.

ESO FUE HACE MUCHOS AÑOS. SOLO DEBÍAS REMOVER TODA ESA REBELIÓN DE TU SISTEMA, Y AHORA QUE TE HAS VUELTO UN HÉROE... BUENO, DIRÍA QUE TODO ESTÁ OLVIDADO Y PERDONADO.

¿NO ES ASÍ, KINGSLEY?

CARSWELL...

SEÑOR.

...

...

QUÉ INCÓMODO...

AH, Y TÚ DEBES SER LA SEÑORITA CRESCENT MOON. ¡HEMOS OÍDO TANTO SOBRE TI!

NO A TRAVÉS DE CARSWELL, CLARO, PERO LOS MEDIOS HAN DISCUTIDO TUS HABILIDADES...

QUÉ EXTRAÑO... HABRÍA JURADO QUE ERAS RUBIA.

NO, YO NO...

ELLA ES MI AMIGA, IKO. ESTUVO CON NOSOTROS DURANTE LA REVOLUCIÓN LUNAR.

145

147

ES VERDAD QUE LAMENTÉ QUE CRESS SE LO PERDIERA. PERO, CUANDO THORNE FUE A RECIBIR SU MEDALLA, NO PODRÍA HABERME SENTIDO MÁS ORGULLOSA DE SER SU CITA.

COMO EL ALCALDE DE LA GRAN CIUDAD DE LOS ÁNGELES, ES UN HONOR ENTREGAR ESTA MEDALLA A CARSWELL THORNE, POR SU VALENTÍA Y EXTRAORDINARIO HEROÍSMO DURANTE LA REVOLUCIÓN LUNAR Y SU PAPEL EN EL FINAL DE LA GUERRA ENTRE LA TIERRA Y LUNA.

JUNTO CON ESTA MEDALLA, ME ALEGRA OTORGARLE TAMBIÉN EL TÍTULO DE CAPITÁN HONORARIO DE LAS FUERZAS ARMADAS DE LA REPÚBLICA AMERICANA.

ES GRACIOSO CÓMO TODO CAMBIA.

HACE DOS AÑOS, ERA EL CRIMINAL QUE TODOS BUSCABAN, UN DESERTOR DEL SERVICIO MILITAR Y UNA VERGÜENZA PARA MI FAMILIA, MI CIUDAD Y PROBABLEMENTE PARA TODO EL PAÍS.

Y, SI TENGO QUE SERLES HONESTO, UN POCO PARA MÍ TAMBIÉN.

POR SUERTE, CONOCÍ A ESTA LOCA CYBORG QUE DECÍA SER UNA PRINCESA PERDIDA DE LA LUNA. EN ESE MOMENTO, PARECÍA UN ATAJO HACIA LA LIBERTAD, Y TAMBIÉN QUIZÁS UNA ENTRADA DE DINERO.

Y FUE GRACIAS A LINH CINDER QUE CONOCÍ A LA ÚNICA PERSONA EN EL UNIVERSO QUE ME VIO COMO UN HÉROE ANTES DE QUE NADIE MÁS LO HICIERA.

PERO ELLA ME DIO MÁS QUE ESO. ME DIO UN GRUPO DE AMIGOS POR LOS QUE SERÍA CAPAZ DE CUALQUIER COSA... UNA RAZÓN PARA DEFENDER ALGO BUENO, PARA SER UNO DE LOS BUENOS.

HÉROE LOCAL

Y, AUNQUE NO PUEDE ESTAR AQUÍ ESTA NOCHE, ESTOY SEGURO DE QUE ESTÁ MIRANDO ESTO EN LAS NOTICIAS. ASÍ QUE LO ÚNICO QUE QUIERO DECIR ES... ESTA MEDALLA ES POR TI, CRESS.

Y PROMETO LLEVARTE UNO DE ESOS BOCADOS MINIATURA. SON UNA DELICIA.

CLAP CLAP CLAP CLAP CLAP CLAP CLAP CLAP CLAP CLAP CLAP CLAP CLAP CLAP CLAP CLAP CLAP CLAP CLAP

¡QUÉ DISCURSO MÁS CONMOVEDOR!

DISCULPEN, VOY SOLO POR LA MITAD DE MI DISCURSO.

ESTA FIESTA HA LLEGADO A SU FIN.

TINTIN

CHAS

ESPERA UN SEGUNDO. ¿TÚ ERES EL ALFA QUE SE ESCAPÓ...?

¿EN AUSTRALIA?

ME HALAGA QUE ME RECUERDES.

HE TENIDO ÉXITO A LA HORA DE CAZAR SOLDADOS DESDE EL DÍA QUE COMENCÉ A HACERLO.

Y RESULTÉ MEJOR DE LO QUE TODOS ESPERABAN QUE FUERA.

SCRASHHH

PERO, POR CADA MANADA QUE ENCONTRABA, UNO O DOS SE ESCAPABAN.

AHORA QUE LO MENCIONAS... RECONOZCO A TODOS USTEDES.

ERA COMO SI MIS PEORES ERRORES HUBIERAN VUELTO A PERSEGUIRME.

ASEGÚRENSE DE QUE LA ANDROIDE NO ESCAPE. Y BETA JORDAN...

TRÁEME A CARSWELL THO–...

¿QUÉ?

¿DÓNDE ESTÁ?

LO SABÍA. SABÍA QUE ESTO DEL HÉROE ERA OTRO ENGAÑO.

KINGSLEY... POR FAVOR...

¡DEJA DE DEFENDERLO! ESE CHICO HA INTENTADO ESTAFARNOS DESDE EL DÍA QUE APRENDIÓ A HABLAR.

ES NUESTRO HIJO.

TODOS SABEMOS DE QUÉ SON CAPACES ESTOS MONSTRUOS. AUN ASÍ, CARSWELL HUYÓ, PONIÉNDONOS A TODOS AQUÍ EN PELIGRO.

ME AVERGÜENZA HABER CRIADO A SEMEJANTE COBARTE.

NO SE PREOCUPE, SEÑOR.

CREO RECORDAR QUE HIZO TODO LO QUE PODÍA PARA EVITAR "CRIARME", ASÍ QUE YO DIRÍA QUE PUEDE TENER LA CONCIENCIA TRANQUILA.

CARSWELL, ¿CÓMO LOGRASTE...?

DISCULPA. AHORA ESTOY DEMASIADO OCUPADO SIENDO UN HÉROE.

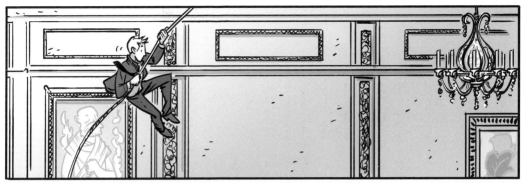

¡PUM!

¡PAF!

¡PLUM!

ESO DEBERÍA DESPEJAR ALGUNAS SALIDAS AL MENOS.

Y ESTE ES EL MOMENTO EN EL QUE DEBERÍAN COMENZAR A CORRER.

DE NADA.

¡AAAAAHHHHHHH!

ADIÓS...

¡IKO!

¡TOMA ESTO!

¿TRAJISTE MI ARMA TRANQUILIZADORA?

NO, TRAJE LA MÍA. SIEMPRE VEN PREPARADA, IKO.

TAC TAC TAC

¿NO APRENDISTE NADA DE LA VIDA CON CINDER?

¡LO TENGO!

ESPERA.

?!

¿QUÉ HACES? ¡VA A ESCAPARSE!

DEBES VOLVER A LA NAVE.

¿LA NAVE?

MENCIONÓ A LOS ALIADOS DE CINDER, INCLUIDA CRESS. NO SABEMOS CUÁNTOS MUTANTES ESTÁN CON ÉL AHORA. SI SE DIERON CUENTA DE QUE ELLA NO ESTÁ AQUÍ...

IRÁN A BUSCARLA.

IRÉ TRAS STEELE. TÚ ASEGÚRATE DE QUE CRESS ESTÉ BIEN.

BIEN. TE VERÉ DE REGRESO EN...

TUNK

¡CARSWELL!

TENGA CUIDADO... CAPITÁN.

NNNNN

LO HARÉ, SEÑOR.

CAPÍTULO VI

ESTO ESTÁ CUBIERTO DE SANGRE.

CRESS... ¿POR QUÉ...?

PFT PFT

¿QUÉ...?

BUM PLUM

¡GRACIAS A LAS ESTRELLAS! NO TENÍA CÓMO SABER SI ESTA COSA ESTABA CARGADA.

CLIC

TENGO UN REGALITO.

INTERESANTE PROPUESTA.

ESTOS DARDOS TRANQUILIZANTES FUERON ESPECIALMENTE DISEÑADOS PARA MAMÍFEROS DE CONTESTURA MEDIANA.

HUMANOS, PERROS... PERO NO ANDROIDES.

DADAS LAS CIRCUNSTANCIAS, TREGUA ACEPTADA.

ZAAA

HE OÍDO RUMORES DE QUE LA REINA SABE DE ESAS COSAS. ELECTRÓNICA, MECÁNICA Y DEMÁS.

CINDE-... SELENE ES MI AMIGA. ELLA NO ME CONTROLA.

Y NO QUIERE CONTROLARTE A TI TAMPOCO.

NO, SOLO QUIERE ELIMINARNOS DE LA GALAXIA Y HACER DE CUENTA QUE JAMÁS EXISTIMOS.

CUANDO, DE HECHO, FUERON SUS ANCESTROS QUIENES NOS CREARON.

EXACTO. FUERON SUS ANCESTROS QUIENES LES HICIERON ESTO, SELENE NO TIENE NADA QUE VER.

ELLA QUIERE AYUDARLOS.

BIEN. PODRÍA AYUDARNOS DESHACIENDO LAS MUTACIONES QUE DESTRUYERON NUESTRA IDENTIDAD Y ARRUINARON NUESTRAS VIDAS.

LA REINA ES UNA BLACKBURN, Y ES TAN EGOÍSTA COMO TODOS ELLOS. LO VERÁS CON EL TIEMPO...

SI SOBREVIVES LO SUFICIENTE.

SOY UN ANDROIDE, ¿RECUERDAS? ¿QUÉ CREES QUE UN CUCHILLO PUEDE HACERME?

HE INVESTIGADO UN POCO.

AQUÍ ESTÁ. EL PANEL DE CONTROL DEL ANDROIDE DE COMPAÑÍA.

CLIC

JUSTO DONDE EL MANUAL DIJO QUE ESTARÍA.

TAC TAC

¡AUUUGH!

OFICIAL ESPECIAL STEELE, ESTÁ USTED ARRESTADO POR ORDEN DE SU MAJESTAD LA REINA.

ACÉRQUESE TRANQUILO Y NADIE SALDRÁ HERIDO.

ESPERO QUE NO LO TOME A MAL...

PERO PREFERIRÍA ESTAR MUERTO.

CRAG

TRIS

EEEOOOEEEEOOOEEEOOO

PARECE QUE NOS ESTAMOS QUEDANDO SIN TIEMPO.

REGRESA A TU REINA Y DILE QUE IRÉ A POR ELLA. ME DARÁ LO QUE SOLICITO O TODOS LOS QUE ALGUNA VEZ HAYAN ESTADO DE SU LADO PERECERÁN BAJO MI ESPADA.

NO SOY TU MENSAJERO. VE Y DÍSELO TÚ MISMO.

CLARO QUE LO HARÉ.

¡ESPERA!

AY....

POR FAVOR, CUIDA A IKO.

Y TODO POR UN MALDITO ROBOT.

IKO, ¿TE ENCUENTRAS BIEN?

¿ATRAPASTE AL SUJETO?

ESTE EDIFICIO ESTÁ RODEADO DE OFICIALES TERRÍCOLAS. NO TIENE NINGÚN LUGAR A DONDE IR.

ESE IDIOTA CORTÓ MI CABLE ÓPTICO. ¿CON QUIÉN ESTOY HABLANDO?

LIAM KINNEY.

¿KINNEY? ¿QUÉ HACES TÚ AQUÍ?

ME ENVÍA SU MAJESTAD.

Y ADEMÁS... SALEN CHISPAS DE TU CUERPO...

ESTOY BIEN. DEBEMOS REGRESAR A LA RAMPION. THORNE Y CRESS PODRÍAN ESTAR EN PELIGRO.

PRIMERO, DEBEMOS ASEGURARNOS DE QUE ALFA STEELE ESTÉ BAJO CUSTODIA. LUEGO, EVALUAREMOS TUS HERIDAS Y ENCONTRAREMOS A TUS AMIGOS.

¿ES QUE NO ESTÁS DE ACUERDO CON ESTE PROCEDIMIENTO?

DESACELÉRATE, AMIGO. NO ERES EL QUE ESTÁ A CARGO AQUÍ.

NO, PERO OLVIDASTE MENCIONAR A LOS OTROS SOLDADOS MUTANTES QUE TRABAJAN PARA STEELE. DEBEN SER ENVIADOS DE REGRESO A LUNA.

PERO PRIMERO QUISIERA INTERROGARLOS, PARA SABER QUÉ MÁS PODRÍA ESTAR PLANEANDO STEELE.

¿QUÉ OTROS SOLDADOS?

LOS QUE QUEDARON INCONSCIENTES EN EL SALÓN DE BAILE. ESOS MONSTRUOS GIGANTES, MITAD LOBOS... SEGURO LOS RECONOCERÍAS...

¿QUÉ QUIERES DECIR CON QUE SE FUERON? TODOS HABÍAN SIDO REDUCIDOS. ESTABAN AQUÍ MISMO.

Y AHORA YA NO.

CREO QUE YA LO TENGO, IKO.

¿ESTÁ MEJOR?

NO, A MENOS QUE ESTÉ PARADA EN EL MEDIO DE UN CUARTO TOTALMENTE OSCURO.

SEGUÍ LAS INSTRUCCIONES DE CINDER A LA PERFECCIÓN. ESO DEBERÍA HABER SOLUCIONADO EL PROBLEMA.

AQUÍ DICE QUE DEBES REINICIAR TU PROCESADOR CENTRAL PARA QUE LA CONEXIÓN SE REESTABLEZCA.

ODIO LOS PROBLEMAS DE CABLERÍO.

DEJA DE QUEJARTE. ME LLEVÓ MESES PODER VER OTRA VEZ LUEGO DE QUE ME DAÑARAN EL NERVIO ÓPTICO. SI LO ÚNICO QUE DEBÍA HACER ERA PRESIONAR UN BOTÓN, HABRÍA SIDO MUY FELIZ.

TIENES RAZÓN. DEBERÍA COMPADECERME MÁS DE TI Y DE TU FRÁGIL EXISTENCIA.

HAZLO, CRESS. LOS VERÉ EN UN RATO.

INTENTEN NO DIVERTIRSE DEMASIADO SIN...

DIAGNÓSTICO COMPLETO
REINICIO COMPLETO DEL SISTEMA EN 3... 2... 1...

¿YA ESTÁ APAGADA? PORQUE CREO QUE ENCONTRÉ...

ES UNA GRABACIÓN DE LA GALA DE ANOCHE. ALGUIEN DEBE HABERLA HECHO DESDE SU PROPIO PUERTO.

SIEMPRE ME HA FASCINADO EL CONCEPTO DE LOS SUEÑOS.

LOS ANDROIDES NO PUEDEN SOÑAR, ASÍ QUE ME PASO MUCHO TIEMPO PENSANDO CÓMO DEBE SENTIRSE ESO. PENSAMIENTOS QUE NO PUEDEN CONTROLARSE...

BIEN, Y AQUÍ COMIENZA. NO SUCEDE NADA EN LOS PRÓXIMOS 20 MINUTOS.

PERO OBSERVA...

LOS DESEOS DEL SUBCONSCIENTE QUE SURGEN SOLO MIENTRAS DUERMES...

ESPERA. ¿ESOS ERAN MÁS MUTANTES? ESTO SUCEDIÓ LUEGO DE QUE IKO LES DISPARARA.

NO CREO QUE SEAN LOS MISMOS QUE TE ATACARON. QUIZÁS ESTOS SEAN REFUERZOS.

¿PERO CÓMO LLEGARON AQUÍ? ¿Y A DÓNDE FUERON? LA MANZANA ENTERA ESTABA RODEADA.

FANTASÍAS ENTERRADAS QUE SON IMPOSIBLES DE IGNORAR.

ESTO SE SIENTE COMO EN UN SUEÑO. NO HAY LÓGICA. NO HAY UNA RAZÓN PARA ESTE DESEO.

ESPERA. REGRESA. ESTOY SEGURO DE QUE ESA PUERTA ESTABA CERRADA. CRESS, ¿PUEDES SABER A DÓNDE CONDUCE ESA PUERTA?

DÉJAME REVISAR LOS PLANOS.

Y, AUN ASÍ, EL DESEO SIGUE ALLÍ.

197

CONDUCE A LOS PASILLOS DE UTILERÍA. AQUÍ HAY UN ASCENSOR DE CARGA Y LA COCINA DONDE IKO HALLÓ...

¿UN ASCENSOR DE CARGA? ¿Y A DÓNDE CONDUCE ESO?

EL ESTACIONAMIENTO EN EL SUBSUELO, CLARO. ASÍ ES CÓMO INGRESARON Y SE RETIRARON SIN QUE NADIE PUDIERA VERLOS.

SÉ QUE ESTOS SENTIMIENTOS NO TIENEN SENTIDO. PERO, CUANTO MÁS LO OBSERVO...

DEBERÍAMOS REGRESAR. QUIZÁS PODAMOS RASTREARLOS.

YA DEBEN HABER DESAPARECIDO. PERO IKO ESTUVO TRAS ELLOS DURANTE MESES. CUANDO DESPIERTE, QUIZÁS PUEDA...

...MÁS QUIERO QUE ÉL ME OBSERVE A MÍ.

IKO, ¿ESTÁS DESPIERTA?

¿Y QUÉ LE SUCEDE A SU ROSTRO?

¿MI ROSTRO?

EL TONO DE TU PIEL PARECE UN POCO MÁS COLORADO DE LO COMÚN. Y ESTÁS CALIENTE...

¡AY, NO! ¿HABRÉ CONECTADO MAL ALGÚN CABLE?

PODRÍA SUFRIR RIESGO DE INCENDIO. QUIZÁS DEBERÍAMOS SACARLA DE LA NAVE ANTES DE QUE EXPLOTE.

ESTOY BIEN. LA NUEVA CONEXIÓN ESTÁ AÚN AJUSTÁNDOSE. YA SE ME IRÁ.

¿ALGUIEN DIJO ALGO SOBRE UN ASCENSOR DE CARGA Y UN ESTACIONAMIENTO BAJO SUELO?

POR ALLÍ SE FUERON LOS SOLDADOS. SI VAMOS AHORA, QUIZÁS PODRÍAMOS RASTREARLOS.

PERO NO IMPORTARÍA. STEELE DIJO QUÉ PLANEABAN HACER.

IRÁN TRAS LOS ALIADOS DE CINDER. ESTABAN EN LA GALA ESTA NOCHE PORQUE SABÍAN QUE THORNE ESTARÍA ALLÍ. IGUAL CRESS.

¿CREES QUE REGRESARÁN POR NOSOTROS?

TAL VEZ. PERO NO NOS OLVIDEMOS DE QUE USTEDES NO SON LOS ÚNICOS ALIADOS QUE LA REINA TIENE EN LA TIERRA...

MI HERMANA ESTÁ EN UN VIAJE DIPLOMÁTICO CON LA EMBAJADORA WINTER EN ESTE PRECISO INSTANTE...

SNIFF

HABRÁ MUCHA SEGURIDAD A SU ALREDEDOR. LO MISMO CON EL EMPERADOR KAI. SERÍA DEMASIADO ARRIESGADO PARA UNA MANADA DE SOLDADOS CANINOS SIQUIERA ACERCARSE.

ENTONCES ESO NOS LLEVA A...

SCARLET Y WOLF...

CAPÍTULO VII

¡AHORA ME TOCA A MÍ, MONSIEUR WOLF!

GRANJA BENOIT, RIEUX, FRANCIA. FEDERACIÓN EUROPEA.

SON LOS MISMOS SOLDADOS QUE ASESINARON A MILES DE PERSONAS.

IKO SOSPECHA QUE SU LÍDER, ESTE TAL ALFA STEELE, HA ESTADO RECLUTANDO SOLDADOS DE MANADAS DISUELTAS POR TODO EL MUNDO. NO SABEN CUÁNTOS SE HAN SUMADO. TAL VEZ, DOCENAS...

STEELE... ÉL ERA UN OFICIAL ESPECIAL, UBICADO EN NUEVA YORK, CREO. LO RECUERDO DE MI ÉPOCA DE ENTRENAMIENTO.

ESTOS SON SCARLET Y WOLF. A PESAR DE LAS MUTACIONES DE WOLF, AÚN SE LAS ARREGLAN PARA LUCIR DESAGRADABLEMENTE ADORABLES JUNTOS.

RECUERDO...

RECUERDO PENSAR QUE ERA COMO YO...

¿COMO TÚ? ¿CÓMO?

LO OÍ HABLAR AL RESTO DE SU MANADA UNA VEZ. DECÍA QUE DEBÍAN LUCHAR PARA SEGUIR SIENDO OFICIALES.

DIJO QUE LA PRIMERA RONDA DE MUTACIONES ERA LO SUFICIENTEMENTE MALA Y QUE CONVERTIRSE EN UNO DE LOS DESAGRADABLES PERROS DE LA REINA ERA EL DESTINO MÁS VERGONZOSO QUE PODÍA IMAGINARSE.

Y RECUERDO COINCIDIR CON ÉL.

NO ESTÁS INTENTANDO DARME LÁSTIMA, ¿O SÍ?

NO...

SOLO INTENTO QUE ME BESES DE UNA VEZ.

ENTONCES ¿NO ATACARON A NADIE DURANTE LA GALA?

SOLO A IKO. AMENAZARON AL RESTO DE LOS INVITADOS, PERO DIJERON QUE LOS DEJARÍAN IR A CAMBIO DE IKO, THORNE Y CRESS.

STEELE IRÁ TRAS CINDER. DIJO QUE PERSEGUIRÍA A CUALQUIERA QUE CONSIDERE SU ALIADO HASTA FINALMENTE LLEGAR A ELLA.

CREE QUE PODRÁ USARNOS COMO ANZUELO.

¿VENDRÁN A BUSCARNOS?

ASÍ LO CREE IKO.

BIEN. A LA GENTE DE ESTE PUEBLO LE HA LLEVADO MESES DEJAR DE TEMERME, Y ESTOS ÚLTIMOS ATAQUES NO ESTÁN AYUDANDO.

DESHACERME DE ALGUNOS DE ESOS ASESINOS SUENA BASTANTE GRATIFICANTE.

POR SI ACASO NO ME HAS ESCUCHADO, PODRÍA HABER DECENAS DE ELLOS...

¿SÍ?

SOLO QUERÍA DECIR QUE... LUCES ENCANTADORA.

NO TIENES REMEDIO. PERO... ¿SABES? TÚ TAMPOCO TE VES TAN MAL...

SIN REMEDIO...

ESE ES EXACTAMENTE MI PROBLEMA...

DURANTE EL ÚLTIMO AÑO, HE SIDO UN DEFENSOR DE LA SEGURIDAD MENTAL QUE OFRECE EL ARTEFACTO, Y CREO FUERTEMENTE QUE JUGARÁ UN PAPEL MÁS QUE IMPORTANTE EN LA RELACIÓN ENTRE LA TIERRA Y LUNA.

POR PRIMERA VEZ EN SIGLOS, UNA VERDADERA ALIANZA ENTRE LOS DOS PLANETAS ESTÁ A NUESTRO ALCANCE. UNA QUE NO ESTARÁ CONSTRUIDA SOBRE EL MIEDO, SINO SOBRE LA CONFIANZA, EL RESPETO MUTUO Y OBJETIVOS COMPARTIDOS.

Y ESA RELACIÓN FUE POSIBLE GRACIAS AL INVENTO DE LINH GARAN.

CLIC

FLASH

ESTE EDIFICIO YA ESTÁ ABIERTO. LOS INVITAMOS A TODOS A ACOMPAÑARNOS EN SU PRIMER TOUR OFICIAL.

CLAP

CLAP

CLAP

CLAP
CLAP

CLAP

NO SE TRATA DE NINGÚN DESTINO TURÍSTICO, PERO SÍ ESPERO QUE LO ESTÉN DISFRUTANDO.

POR AQUÍ. SÍGANME.

TUS EXTRAÑAS COSTUMBRES TERRESTRES ME SIGUEN INTRIGANDO. INTENTO DESCIFRAR CUÁL ES EL PROPÓSITO DE ESA CINTA.

ES CEREMORIAL.

¿CÓMO LOS FUEGOS ARTIFICIALES O EL BODY PAINTING?

ALGO ASÍ...

HABRÍA PREFERIDO LOS FUEGOS ARTIFICIALES...

PERO BODY PAINTING SOBRE LA EMBAJADORA LUNAR HABRÍA LLAMADO MÁS LA ATENCIÓN DE LOS MEDIOS.

ES VERDAD. QUIZÁS LO HAGAMOS PARA EL BANQUETE DE ESTA NOCHE.

SE LO COMENTARÉ AL ORGANIZADOR DEL EVENTO.

SU MAJESTAD, SE HA ORGANIZADO UN TOUR PRIVADO PARA USTED Y SUS INVITADOS LUNARES.

SIN EMBARGO, USTED ES EL PRIMER LÍDER EN RECIBIR EL IMPLANTE.

Y CRÉAME QUE ASÍ ES. YO QUERÍA EL IMPLANTE HACE MESES, PERO MI GABINETE INSISTIÓ EN QUE EL DISPOSITIVO FUESE PRIMERO ANALIZADO.

ESPERABA QUE OTROS LÍDERES TAMBIÉN LO HICIERAN DE INMEDIATO. ESTOY SEGURA DE QUE VEN LOS BENEFICIOS POLÍTICOS, ESPECIALMENTE CUANDO LUNA Y LA TIERRA NEGOCIAN ACUERDOS DE COMERCIO Y VIAJES.

AL MENOS YA ESTÁ HECHO. AHORA PODRÉ DESHACERME DE ESOS TONTOS RUMORES.

¿RUMORES?

MUCHOS TERRÍCOLAS AÚN CREEN QUE CINDER ME MANIPULÓ PARA QUE CONFIARA EN ELLA... HIZO QUE SINTIERA COSAS POR ELLA.

ES FRUSTRANTE. HEMOS PROGRESADO TANTO. EL TRATADO DE PAZ, LAS LEYES DE INMIGRACIÓN, Y AÚN HAY GENTE QUE EN LO ÚNICO QUE CREE ES EN UN TRUCO LUNAR.

NO CAMBIARÁ GENERACIONES ENTERAS LLENAS DE PREJUICIOS DE LA NOCHE A LA MAÑANA CON TAN SOLO INSERTARLES UN CHIP.

CLARO QUE NO. PERO ES UN COMIENZO. AL MENOS AHORA NADIE PUEDE DECIR QUE MIS PENSAMIENTOS Y MIS DECISIONES NO SON PROPIAS.

¿Y CÓMO SE SIENTE DESPUÉS DE LA CIRUGÍA?

ESTUVE DOLORIDO UN PAR DE DÍAS, PERO YA ESTOY MEJOR. ¿QUIERES VER LA CICATRIZ?

NO, SU MAJESTAD. ¿Y QUÉ SIENTE USTED POR CINDER?

ESO SUPUSE...

ESTOS DISPOSITIVOS PODRÍAN INSTALARSE EN TODOS LOS TERRÍCOLAS Y LUNARES DE LA GALAXIA, PERO CREO QUE LAS OPINIONES COMIENZAN A SER DIFERENTES CUANDO LA GENTE VE LA FORMA EN QUE USTED Y CINDER SE MIRAN A LOS OJOS.

¿JUZGADOS?

DESERCIÓN, ASESINATO, CRÍMENES DE GUERRA. MUCHOS DE ELLOS ENFRENTAN CADENA PERPETUA.

SIN EMBARGO, TENEMOS LA ESPERANZA DE QUE MUCHOS PUEDAN REHABILITARSE Y REINSTALARSE EN LA SOCIEDAD. MUCHO DEPENDERÁ DE LA SERIEDAD Y LAS CIRCUNSTANCIAS DE SUS CRÍMENES INDIVIDUALES.

CINDER SABE QUE ESTOS HOMBRES SON VÍCTIMAS DE LEVANA, Y SUS ACCIONES AHORA SON UN RESULTADO DE SU ABUSO Y ALTERACIÓN MENTAL DURANTE SU REINADO.

ESTO NO JUSTIFICA LO QUE HAN HECHO AQUÍ EN LA TIERRA, PERO TAMPOCO DEBERÍA IGNORARSE.

ÉL ES EL DR. LOI, UN GRADUADO DE LA ESCUELA DE MEDICINA Y CIBERNÉTICA DE PEKÍN Y UNO DE NUESTROS TÉCNICOS MÁS DESTACADOS.

EL DR. LOI NOS EXPLICARÁ SUS DESCUBRIMIENTOS MÁS RECIENTES RESPECTO DEL DISPOSITIVO.

ES UN HONOR CONOCERLO.

¿PEKÍN? ¿NO ES ESA LA ESCUELA A DÓNDE HABÍAS APLICADO...?

¿DONDE LA GENTE ESTUDIA MEDICINA? SÍ, ESO CREO. LA TIERRA TIENE MUCHAS DE ESAS, ME HAN DICHO.

¡OLVIDÉ QUE DEBÍA SER UN SECRETO HASTA SABER SI ESTABAS DENTRO! BUENO, PERO SABEMOS QUE TE ADMITIRÁN, CLARO. SERÍAN UNOS TONTOS SI...

WINTER...

CIERTO. LO SIENTO.

JACIN, ¿TÚ QUIERES IR A LA ESCUELA DE MEDICINA?

NO... O TAL VEZ... NO QUIERO HABLAR SOBRE ESO.

ÉL YA SERÍA UN MÉDICO SI NO HUBIERA SIDO OBLIGADO A UNIRSE A LA GUARDIA REAL.

ESTOY SEGURA DE QUE LO LOGRARÁ.

ESTO PODRÍA SIGNIFICAR MUCHO. TÚ SERÍAS EL PRIMER ESTUDIANTE LUNAR EN ASISTIR A UNA UNIVERSIDAD TERRESTRE.

DIJE QUE NO QUERÍA HABLAR AL RESPECTO... ¿POR QUÉ SEGUIMOS HABLANDO?

CLARO. ENTONCES... DR. LOI, CUÉNTENOS MÁS SOBRE ESOS AVANCES.

SERÁ UN PLACER, EMBAJADORA. SÍGANME, POR FAVOR.

¿CUÁNTO TIEMPO HA ESTADO TRABAJANDO CON EL DISPOSITIVO?

DESDE EL COMIENZO. FUI PARTE DEL EQUIPO QUE DEBIÓ DESCIFRAR LAS ANOTACIONES Y LOS DIBUJOS QUE EL INVENTOR HABÍA DEJADO.

TUVIMOS SUERTE DE QUE LAS ANOTACIONES DE LINH GARAN ESTUVIERAN GUARDADAS EN LA MEMORIA DE UNO DE SUS ANDROIDES SIRVIENTES. DE LO CONTRARIO, NOS HUBIESE LLEVADO AÑOS IMITAR LO QUE ÉL HABÍA LOGRADO.

SÍ, YA TODOS CONOCEMOS A ESA ANDROIDE. LLAMARLA "SIRVIENTE" NO SERÍA SU MEJOR REPRESENTACIÓN.

TIENE RAZÓN. ME HABÍA OLVIDADO DE QUE USTED E IKO SE CONOCEN DESDE ANTES.

YO LA HE VISTO SOLO UNA VEZ, CUANDO EXTRAJIMOS LOS ARCHIVOS DE LINH GARAN DE SU MEMORIA, PERO UN CHIP DE PERSONALIDAD COMO EL DE ELLA ES CIERTAMENTE DIFÍCIL DE OLVIDAR.

ESO ME RECUERDA ALGO... TAL VEZ NO VENGA AL CASO PERO, CUANDO ESTÁBAMOS TRANSFIRIENDO LOS ARCHIVOS A NUESTRO SISTEMA, UNO DE NUESTROS TÉCNICOS SE CRUZÓ CON UN ARCHIVO ENCRIPTADO.

CLIC

ES EL MISMO ESTILO DE ENCRIPTACIÓN QUE GARAN USÓ EN LA MAYORÍA DE SUS ARCHIVOS. NO HE TENIDO TIEMPO DE MIRARLO...

PERO SU NOMBRE ME LLAMÓ LA ATENCIÓN. Y HASTA ME ANIMO A DECIR QUE SÉ LO QUE CONTIENE.

IKO, ENSAYO #1

QUIZÁS ESTOY SIENDO MUY SENTIMENTAL, PERO CREÍ QUE TAL VEZ ELLA QUERRÍA VER EL PROGRAMA QUE USARON PARA CREARLA.

Actualización de software completa. Más aplicaciones disponibles.

¿QUÉ ES LO QUE HACES?

ESTOY ENTRENANDO.

¿PARA QUÉ? ¿UN CIRCO?

SE LE LLAMA ARTES MARCIALES, GENIO.

EN CASO DE QUE NO LO HAYAS NOTADO, NUESTROS ENEMIGOS SON UNOS DE LOS PREDADORES MÁS VELOCES Y FUERTES DEL PLANETA.

Y DISFRUTAN DE LUCHAR. SUS ARMAS PREDILECTAS SON SUS PROPIOS DIENTES Y GARRAS. Y HARÁN LO QUE SEA PARA ACERCARSE A TI.

TUS ARMAS MODERNAS NO SIEMPRE PODRÁN PROTEGERTE.

221

SIN EMBARGO, SU MAJESTAD CREYÓ QUE NECESITARÍAS MI AYUDA, POR LO QUE SUPONGO QUE NO ESTABA TAN SEGURA DE TUS HABILIDADES DESPUÉS DE TODO.

¡ESO NO ES...!

GRRRRRRR

¿ESO ES UN GRUÑIDO?

ESCÚCHEME AHORA, SIR KINNEY. JURÉ CAZAR A TODAS ESAS MANADAS, Y LO HARÉ HASTA QUE EL ÚLTIMO SOLDADO HAYA REGRESADO A LUNA.

AL PRINCIPIO, SOLO INTENTABA AYUDAR A CINDER. PERO AHORA SE HA VUELTO PERSONAL.

TAC TAC

ESTOS MONSTRUOS ESTÁN PERSIGUIENDO A MIS AMIGOS, Y YO HARÍA CUALQUIER COSA... CUALQUIER COSA POR MANTENERLOS A SALVO.

¿CÓMO LO **HACES**?

¿HACER QUÉ?

¡QUE SUENE TAN CONVINCENTE! CUALQUIERA PODRÍA PENSAR QUE EN VERDAD SIENTES ALGO POR ELLOS, PERO...

¡CLARO QUE SIENTO ALGO POR ELLOS! ¡ELLOS SON MIS **VERDADEROS** AMIGOS!

NO ENTIENDES NADA.

HEMOS VIVIDO MUCHO JUNTOS. BATALLAS, REVOLUCIONES, SECUESTROS, SÍ...

PERO TAMBIÉN MUCHOS MOMENTOS DE CELEBRACIÓN Y ALEGRÍA.

EL CAPITÁN THORNE ES QUIEN ME DIO ESTE CUERPO...

Y CRESS CONFIÓ EN MÍ LO SUFICIENTE COMO PARA DEJARME HACERLE SU PRIMER CORTE DE CABELLO.

TODOS ELLOS ME TRATAN COMO UN MIEMBRO VALIOSO DE SU TRIPULACIÓN.

EN ESPECIAL, CINDER. ELLA SIEMPRE HA ESTADO A MI LADO Y JAMÁS ME TRATÓ COMO UNA SIRVIENTE O UN ANDROIDE.

CUANDO PEONY AÚN VIVÍA, HASTA ME DEJABAN JUGAR CON ELLAS, HABLÁBAMOS DE IR A FIESTAS Y BAILAR CON EL PRÍNCIPE KAI Y HASTA SOBRE CÓMO SERÍA NUESTRO PRIMER BESO. AL MENOS, ESO HACÍAMOS PEONY Y YO. CINDER SOLO SE REÍA DE NOSOTRAS.

PERO JAMÁS NINGUNA DE LAS DOS ME RECORDÓ QUE YO NI SIQUIERA TENÍA PIES PARA BAILAR... O LABIOS PARA BESAR.

¿QUÉ HACES?

YO... CREÍ...

ME TEMO QUE MALINTERPRETÉ LA TENSIÓN ROMÁNTICA, ¿NO ES ASÍ?

ESTO NO ES TENSIÓN ROMÁNTICA. ¿CÓMO SABES SIQUIERA QUÉ SIGNIFICA ESO?

VEO MUCHAS TELENOVELAS EN LA WEB... GENERALMENTE, MIENTRAS TODOS LOS DEMÁS DUERMEN.

Y, CUANDO DOS PERSONAS ESTÁN GRITANDO Y ALGUIEN DICE ALGO SOBRE LA BELLEZA DEL OTRO, LUEGO VIENE EL BESO.

Y PARA QUE CONSTE, FUISTE TÚ QUIEN LO DIJO.

DIJE QUE ERAS COMO LEVANA.

JAMÁS VUELVAS A HACER ESO. ESTOY AQUÍ PORQUE CINDER ME ENVIÓ A PROTEGERTE, Y ESO ES LO QUE HARÉ.

PERO TÚ NO ERES HUMANA Y NO ME HARÁS CREER QUE SÍ LO ERES. TAL VEZ LOS QUE TÚ LLAMAS AMIGOS LO HAYAN OLVIDADO, PERO YO JAMÁS LO HARÉ.

BIP PSSSHT

SUFICIENTE PARA MI PRIMER BESO...

AQUÍ ESTABAS. ¿IKO ESTÁ CONTIGO?

NO.

ES DECIR, SÍ.

ESTABA... ESTÁBAMOS...

ENTRENANDO. ESTÁBAMOS ENTRENANDO.

¿ME LLAMÓ, CAPITÁN?

RECIBIMOS UN INFORME DE UN BROTE DE LETUMOSIS EN COLOMBIA. CAMBIARÉ EL RUMBO PARA LLEGAR ALLÍ Y DISTRIBUIR EL ANTÍDOTO MAÑANA POR LA MAÑANA.

SERÍA UNA BUENA OPORTUNIDAD PARA DIVIDIR NUESTROS CAMINOS, EN ESPECIAL AHORA QUE KINNEY ESTÁ AQUÍ CON SU PROPIA NAVE.

DEBERÍAMOS RETOMAR LA CAZA ANTES DE QUE STEELE RECLUTE MÁS MUTANTES.

LA MANADA EN LONDRES ERA MI PRÓXIMO OBJETIVO. SI ESO LE PARECE BIEN, **COMPAÑERO.**

QUÉ AMABLE EN PREGUNTAR... SERÁ UN PLACER IR A CUALQUIER LADO DONDE LOS INOCENTES CIVILES SIGAN EN PELIGRO.

DE HECHO, ESO NOS LLEVA A OTRO PUNTO.

CRESS ME ESTABA CONTANDO DE ESTA NUEVA HISTORIA EN LAS NOTICIAS.

LOS ATAQUES SE HAN VUELTO MENOS FRECUENTES DESDE QUE IKO COMENZÓ SU CACERÍA; PERO NO SE HA VISTO NINGÚN ATAQUE EN NINGÚN LADO EN LOS ÚLTIMOS DÍAS.

A EXCEPCIÓN DE LA GALA DE ANOCHE, CLARO.

TRES DÍAS DESDE EL ÚLTIMO ATAQUE.

CALLES TRANQUILAS Y SEIS MESES SIN VIOLENCIA

¡ALEGRÍA! NINGÚN DERRAMAMIENTO DE SANGRE ESTA SEMANA

PARECE QUE, POR PRIMERA VEZ DESDE QUE COMENZÓ LA GUERRA, LA TIERRA HA VUELTO A ESTAR EN PAZ.

ENTONCES, O TODOS SE ESTÁN ESCONDIENDO DE TI; O...

O LLEGAMOS DEMASIADO TARDE Y STEELE YA LOS HA RECLUTADO A TODOS.

AL MENOS SABEMOS CUÁL ES EL PLAN DE STEELE. TARDE O TEMPRANO, VOLVERÁ POR NOSOTROS Y TAMBIÉN POR CINDER.

SU MAJESTAD LLEGARÁ A NUEVA BEIJING LA SEMANA PRÓXIMA.

¡POR TODAS LAS ESTRELLAS! ¡EL FESTIVAL! LA CIUDAD ESTARÁ REPLETA DE PERSONAS DE TODA LA COMUNIDAD.

SI STEELE DECIDE ATACAR, SERÁ UNA VERDADERA MASACRE.

SI PARTIMOS AHORA, PUEDO HACER QUE LLEGUEMOS A NUEVA BEIJING A LA MEDIANOCHE.

LE ENVIARÉ UN MENSAJE A KAI PARA QUE SEPA QUE IREMOS. EL FESTIVAL ES UN SÍMBOLO DE PAZ, Y LA VISITA DE CINDER ES UN SÍMBOLO POLÍTICO MUY IMPORTANTE PARA LOS DOS. NO LA CANCELARÁN A MENOS QUE NO HAYA OTRA OPCIÓN.

AL MENOS TENEMOS UNA SEMANA PARA INCREMENTAR LA SEGURIDAD EN LA CIUDAD.

Y ASEGURAR LA PROTECCIÓN MÁXIMA DURANTE LA VISITA DE CINDER. SI STEELE INTENTA ARRUINAR NUESTRA FIESTA UNA VEZ MÁS...

¡NOSOTROS ESTAREMOS LISTOS!

UHH.

SI NO LOS CONOCIERA, JURARÍA QUE ESO ENTRE ESTOS DOS FUE TENSIÓN ROMÁNTICA.

CREO QUE LAS TELENOVELAS QUE CRESS ME HACE MIRAR ESTÁN SURTIENDO EFECTO.

EN ALGÚN LUGAR DEBAJO DE LONDRES, REINO UNIDO

LOS MEDIOS TERRESTRES NOS LLAMAN BESTIAS SALVAJES. DICEN QUE SOMOS ANIMALES FEROCES QUE MERECEN SER ERRADICADOS.

Y TAL VEZ TENGAN RAZÓN.

TODOS HEMOS ASESINADO HUMANOS Y PROBADO SU SANGRE, DEVORADO SU CARNE.

PERO NUESTRO DESEO DE SANGRE NO ES UN INSTINTO ANIMAL. SOMOS EL RESULTADO DE AÑOS Y AÑOS DE TORTURA Y CASTIGO A CARGO DE LOS LÍDERES LUNARES. SOMOS BESTIAS ENTRENADAS PARA CUMPLIR CON EL MANDATO DE LA REINA.

NOS HAN LAVADO EL CEREBRO PARA QUE VEAMOS A LOS TERRESTRES COMO COMIDA, PERO ES UN HAMBRE FALSA QUE JAMÁS SE SENTIRÁ SATISFECHA.

LA CORONA LUNAR ES RESPONSABLE. LA REINA LUNAR ES NUESTRA ENEMIGA.

SELENE DICE SER LA DEFENSORA DE LOS LUNARES, PERO ES TAN AMBICIOSA Y DESPIADADA COMO LEVANA.

SUS CIENTÍFICOS TIENEN LA HABILIDAD DE REVERTIR NUESTRA APARIENCIA Y DE RESTAURAR NUESTRO DON LUNAR. PODRÍA DEVOLVERNOS NUESTRAS VIDAS, PERO HA ELEGIDO DEJARNOS SUFRIR EN ESTOS ASQUEROSOS CUERPOS PARA ALGÚN DÍA PODER VOLVER A ESCLAVIZARNOS.

Continuará...

¡QUEREMOS SABER QUÉ TE PARECIÓ LA NOVELA!

Nos puedes escribir a **vrya@vreditoras.com**
con el título de esta novela en el asunto.

Encuéntranos en

 **f** facebook.com/vreditorasya

y twitter.com/vreditorasya

 **☉** instagram.com/vreditorasya

COMPARTE
tu experiencia con
este libro con el hashtag
#crónicaslunares
y ☉ f